Wüstungsforschung in Deutschland

Eine Einführung

Eike Henning Michl

Wüstungsforschung in Deutschland

Eine Einführung

Bibliografische Information der Deutschen Nationalbibliothek:
Die Deutsche Nationalbibliothek verzeichnet diese Publikation in der Deutschen Nationalbibliografie; detaillierte bibliografische Daten sind im Internet über http://dnb.dnb.de abrufbar.

Umschlaggestaltung: Susanne Hagendorf, Halle (Saale)

Abbildungsgrundlage Umschlaggestaltung und Kapitelanfänge:
H. Reuße, Plan von der zwischen Wolfhagen und Ehringen gelegenen Wüstung Landsberg, nebst den i. J. 1836 vorgenommenen Ausgrabungen (Kassel 1838). In: Georg Landau, Nachträge zu der Abhandlung über den Landsberg. Nebst Grundriß und Situationsplan. Zeitschrift des Vereins für hessische Geschichte und Landeskunde 2, 1840, S. 342–347; Beilage 2.
Reproduktion: Eike Henning Michl.

Abbildungsnachweis Dedikation: H. Reuße, Situations-Plan der Wüstung Landsberg nebst deren nächster Umgebung (Kassel 1837). In: Georg Landau, Nachträge zu der Abhandlung über den Landsberg. Nebst Grundriß und Situationsplan. Zeitschrift des Vereins für hessische Geschichte und Landeskunde 2, 1840, S. 342–347; Beilage 1.
Reproduktion: Eike Henning Michl.

Herstellung und Verlag: BoD – Books on Demand, Norderstedt

ISBN: 978-3-7543-3825-4

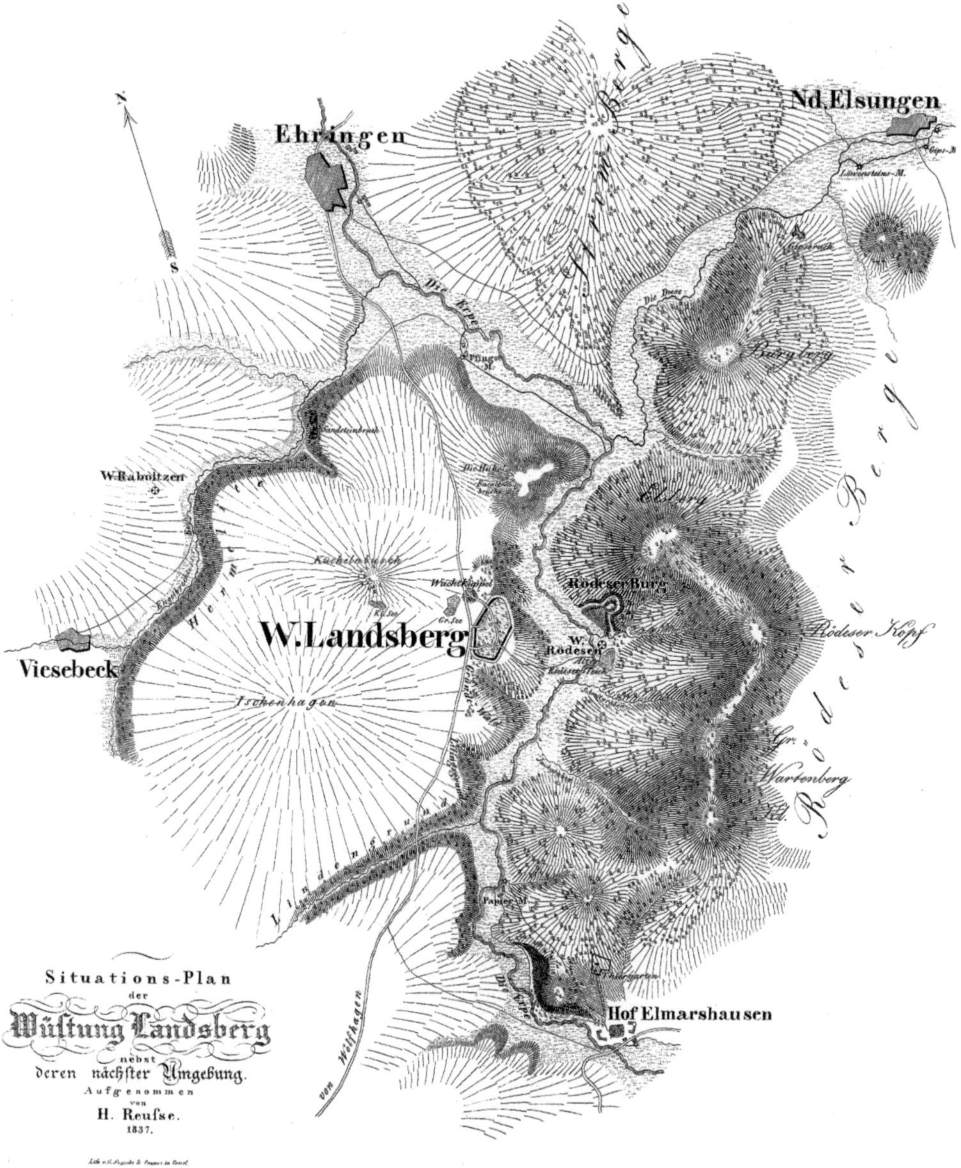
Ehringen
Nd. Elsungen
Burgberg
W. Raboltzen
Küchenbusch
W. Landsberg
Rödeser Burg
W. Rödesen
Rödeser Kopf
Gr. Wartenberg
Kl.
Rödeser Berge
Viesebeck
Ischenhagen
Lindengrund
Papier-M.
Hof Elmarshausen
von Wolfhagen
Die Erpe
Situations-Plan
der
Wüstung Landsberg
nebst
deren nächster Umgebung.
Aufgenommen
von
H. Reuſse.
1837.

Inhalt

Vorbemerkungen zu Inhalt und Zielsetzung

Bereits über vierzig Jahre sind vergangen, seit die dritte Auflage des bis heute einzigen deutschsprachigen Buches zum Phänomen der mittelalterlichen Wüstungen in Deutschland erschien.[1] Es war Wilhelm Abel (1904–1985)[2], ein lange Zeit in Göttingen lehrender Agrar-, Wirtschafts- und Sozialhistoriker, der sich als erster und tatsächlich letzter Autor in einer eigenständigen Publikation den verschwundenen Ortschaften vor allem des 14. und 15. Jahrhunderts widmete.[3]

Der Grund für diese andauernde „Publikationslücke" erscheint zumindest kurios. Denn die Wüstungsforschung an sich ist für Kulturwissenschaftler[4] oder Studierende der entsprechenden Fächer essenziell zum Verständnis historischer Landschaftsentwicklung, zudem äußerst ergiebig und wegen ihrer Interdisziplinarität anspruchsvoll wie attraktiv zugleich.

Und sie ist außerdem sehr spannend, auf den ersten Blick gar sagenumwoben und manchmal mysteriös! Oder um es mit den Worten Paul Grimms (1907–1993), eines Pioniers ihrer archäologischen Untersuchung, zu sagen: „Ein geheimnis-

1 Abel 1976.

2 Alle Lebensdaten von verstorbenen Personen basieren – sofern vorhanden – auf den Informationen der „Gemeinsamen Normdatei (GND)", die jeweils über den Katalog der Deutschen Nationalbibliothek abgerufen wurden: <www.dnb.de> [21.06.2021].

3 Die Darstellung der deutschsprachigen Wüstungsforschung und ihrer wissenschaftlichen Protagonisten gerade der 1930er und 1940er Jahre erfolgt hier rein themenbezogen. Eine (zweifellos wichtige) kritische Auseinandersetzung mit Einzelbiografien hinsichtlich durchaus existenter Verbindungen zum nationalsozialistischen System ist nicht Bestandteil dieser Arbeit. Zur Einführung etwa in die Archäologie während des Dritten Reiches lesenswert: Focke-Museum 2013.

4 Im gesamten Text wird der besseren Lesbarkeit halber das generische Maskulin benutzt. Angesprochen sind aber freilich alle Geschlechter gleichermaßen.

volles Dunkel schwebt um die mittelalterlichen Wüstungen."[5] Erschöpfend behandelt hat Wilhelm Abel das Thema jedenfalls nicht, machte es doch allein des technischen Fortschritts wegen in den letzten Jahrzehnten methodisch, aber auch inhaltlich äußerst große Sprünge.

Natürlich finden und fanden sich bis heute immer wieder wissenschaftliche Kurzbeiträge oder Aufsätze zu Teilaspekten der Wüstungsforschung in Deutschland, diese sogar in durchaus beträchtlicher Anzahl! Dennoch – oder gerade deswegen – fiel mir der Mangel und die aus meiner Sicht erforderliche Notwendigkeit einer aktuellen und etwas ausführlicheren Zusammenfassung des Sachverhalts schon während meiner langjährigen Tätigkeit in der universitären Forschung auf. Ganz besonders gilt dies für eine Bündelung der erwähntermaßen umfangreichen, aber weit verstreuten und oft schwierig zu findenden Literatur.

Den entscheidenden Impuls gab dann eine als gelernter Mittelalter- und Neuzeitarchäologe selbst durchgeführte Untersuchung einer Dorfwüstung im Norden Bayerns.[6] In der dabei entstandenen Publikation – eigentlich eine klassische siedlungsarchäologische Grabungsauswertung mit Ansätzen einer weiterführenden Kulturlandschaftsanalyse für Fachleute – widmete ich dem Thema trotz der gewissen Entfernung zum Kerninhalt des Buches ein eigenes Kapitel unter dem Namen „Innovation oder Stillstand? – Wüstungsforschung gestern und heute"[7]. Allerdings war die Studie zu

---

5 Grimm 1939, Einleitung. Siehe dazu einen interessanten Beitrag von Sabine Gruber, die sich mit dem „Unheimlichen" und der menschlichen Gefühlswelt von verschwundenen Dörfern beschäftigte: Gruber 2018.

6 Hier handelt es sich um die im unterfränkischen Steigerwaldvorland befindliche, bereits im Frühmittelalter existierende, im Dreißigjährigen Krieg aufgelassene und in einem mehrjährigen Forschungsprojekt stellenweise von mir ausgegrabene Wüstung „Lindelach" nahe der heutigen Kleinstadt Gerolzhofen. Alles detailliert nachzulesen bei: Michl 2017.

7 Michl 2017, S. 16–51.

den eigens geleiteten archäologischen Ausgrabungen in der Dorfwüstung Lindelach aus verschiedenen Gründen – zu fachspezifisch, vergleichsweise teuer und in sehr geringer Auflage erschienen – nie der richtige Ort, um eine Übersicht der deutschen Wüstungsforschung sinnvoll und für eine größere Leserschaft zu platzieren.

Deshalb reifte der Wunsch, das genannte Kapitel in leicht veränderter, etwas erweiterter und stellenweise aktualisierter Form erneut als eigenständiges und preiswertes Arbeitsheft zu publizieren. Ermunterungen von Kollegen oder positive Rezensionen des Lindelach-Buches taten dann ihr Übriges.[8]

Für wen sind also die folgenden Seiten gedacht? Für ein breites Publikum und im Grunde für jeden, der sich mit historischen Kulturlandschaften sowie deren Genese, Dorf- und Siedlungsgeschichte, -geografie oder -archäologie beschäftigt. Privat oder beruflich. Für Heimatforscher, Studierende, Fachkollegen, geschichtsbewusste Bürger und natürlich alle, die einmal über den Tellerrand ihrer eigenen Expertise blicken möchten.

Die Untersuchung von Wüstungen ist ein kleiner Bestandteil der historischen Kulturlandschaftsforschung. Und letztere meines Erachtens wiederum die Königsklasse der umweltbezogenen Kulturwissenschaften, weil sie unterschiedlichste Themengebiete zu einem großen und praxisbezogenen Ganzen vereint.

Auf den kommenden Seiten geht es aber erst einmal speziell um die eher theoretische und allgemeine Annäherung an den Begriff „Wüstung“. Also um dessen Definition sowie die Ent-

8 So vermerkte Markus Blaich (Blaich 2019, S. 237) in einer Buchbesprechung: „Instruktiv [...] ist die Darstellung zur Wüstungsforschung im deutschsprachigen Raum, d. h. zu den unterschiedlichen Betrachtungsweisen in Geographie, Geschichtswissenschaft und Archäologie [...] sowie den sich aus den Forschungsfragen ergebenden Perspektiven für zukünftige Arbeiten [...]. Hier bietet Michl eine gute, fachübergreifende und überregionale Gesamtschau, die in der jüngeren Literatur ihresgleichen sucht.“

wicklung und die Methoden ihrer Erforschung durch verschiedene Fachdisziplinen. Und abschließend dann auch um deren öffentlichkeitswirksamsten Teilbereich: die Ursachen von mittelalterlichen Wüstungsprozessen. Aufgrund meiner eigenen Ausbildung und auch Einstellung geschieht dies oft – vielleicht manchmal etwas subjektiv – aus der Perspektive eines Archäologen.

Übrigens ein weiterer Grund für mein Interesse an „Wüstungen“ und ihrer Erforschung: Denn der in vielerlei Hinsicht (noch) etwas nebulöse, sicherlich leicht geheimnisvolle, gleichermaßen aber irgendwie schwammige Begriff wurde und wird manchmal in der Mittelalter- und Neuzeitarchäologie auch irreführend oder unreflektiert benutzt. Ich selbst machte dabei in der Vergangenheit keine Ausnahme, möchte dem nun aber Abhilfe schaffen. Mithin dient(e) er nämlich für die Prädikatisierung einzelner Ausgrabungsprojekte, Publikationen oder Forschungsschwerpunkte, obwohl dieser äußerst vielschichtige Sachverhalt dort meist gar nicht oder auch missverständlich thematisiert wird.

Dies liegt nicht zuletzt daran, dass die komplexe wissenschaftliche Untersuchung von Wüstungen und Wüstungsprozessen einerseits an der Schnittstelle mehrerer sich damit befassender und teilweise unterschiedlich damit umgehender Fachdisziplinen angesiedelt ist. Andererseits stellen diese Vorgänge je nach Definition nicht nur ein historisches Phänomen dar, sondern sind selbst bis in jüngste Zeit eine aktuelle und von gegenseitigen Abhängigkeiten geprägte Erscheinung.

Die vorliegende Textversion fokussiert auf wichtige Grundlagen. Sie klammert einige Bereiche aus, die ich zwar interessehalber für eine umfassende Einführung in die Wüstungsforschung gerne noch bearbeitet oder angeschnitten hätte. Da das Manuskript aber ohnehin schon viel Konzentration erfordert, bereits zu lange in der sprichwörtlichen Schublade schlummerte und dort aus Zeitgründen auch zu verbleiben drohte, entschied ich mich dennoch für eine baldige Publikation der „ersten Auflage“.

Was fehlt also? Etwa die Beschäftigung mit schleichenden oder abrupten Wüstungsprozessen bzw. Siedlungsregressionen – also rückläufigen Entwicklungen – der Moderne. Man denke beispielsweise an den steigenden Wassermangel in vielen Regionen der Vereinigten Staaten, an politische Grenzziehungen mit Pufferräumen (Schlagwort „Eiserner Vorhang"), an Landschaftsdevastationen in großen Tagebaurevieren oder an weiträumige Umweltkatastrophen wie den Atomhavarien von Tschernobyl und Fukushima.

Denn auch das kann man – je nach Begriffsbestimmung – als Wüstungsprozess verstehen.[9] Andere Fachleute merkten wiederum an, dass „sich der Begriff ‚Wüstung' für aufgelassene Siedlungen in der Gegenwart – wohl wegen seiner historischen Aufladung – bisher nicht durchgesetzt hat"[10]. So impliziert die Bezeichnung für Kenner der Materie bereits den Tatbestand der chronologisch explizit mittelalterlichen, vielleicht noch frühneuzeitlichen Siedlungsaufgaben. Ich selbst tendiere eher zu einer etwas breiteren Definition, dazu aber später mehr.

Ebenfalls ignoriert werden bis auf eine einzige Ausnahme Stadt- im Gegensatz zu Dorfwüstungen und die ebenfalls moderne bis rezente Thematik von „schrumpfenden Städten und Dörfern". Ganz einfach deshalb, da dort teilweise andere komplexe Prozesse greifen als im ländlichen Raum.[11]

Des Weiteren sehr spannend, vielschichtig und natürlich gerade im Internet äußerst populär, weil abenteuerlich, ist der

---

9 Als jüngere Beiträge zu diesem Phänomen mit Fokus auf heutige Problemstellungen und Deutschland: Reich 2012. – Reichert-Schick 2013.

10 Schenk 2011, S. 41.

11 Zum Bereich „schrumpfende Städte": Gestring u. a. 2005. – Lampen/Owzar 2008. Für Mittelalter und Neuzeit herausgegriffen: Benke 2005. – Küntzel 2008. Zu Städten und Dörfern in modernerem Kontext und mit den Folgen auf die Baudenkmäler beleuchtet: Franz 2007. Birgit Glock fasst die Hauptursache moderner Stadtschrumpfungsprozesse in einem Onlinebeitrag treffend unter dem Oberbegriff „ökonomischer Strukturwandel, der in allen westlichen Industrienationen seit Beginn der 1970er Jahre zu beobachten war", zusammen: <https://www.bpb.de/politik/innenpolitik/stadt-und-gesellschaft/64405/einfuehrung?p=all> [09.05.2021].

Themenblock der „Lost Places". Also der „verlorenen bzw. verschollenen Orte" wie ruinöse Herrenhäuser, verlassene Sanatorien oder stillgelegte Tunnelanlagen. Zwar kann eine Wüstung durchaus ein „Lost Place" sein,[12] im Umkehrschluss sind aber die meisten letzteren keine Wüstung. Und außerdem eher moderneren Ursprungs.

Einer erneuten Überarbeitung des Textes vorbehalten ist ferner die detaillierte Einbeziehung und Darstellung individueller Fallbeispiele von mittelalterlich-frühneuzeitlichen Einzelwüstungen und deren – dann meist archäologischer – Untersuchung. Dementsprechend sind die kommenden Seiten überwiegend theoretischen Inhalts, wenig bunt und kaum illustriert – äußerst untypisch für Archäologen. Aber dennoch lesenswert, keine Angst!

Last but not least richte ich meine Aufmerksamkeit ausschließlich auf den deutschsprachigen Raum. Aus Gründen des Umfangs lasse ich die unbestritten wichtige Beschäftigung mit der fremdsprachigen – vor allem angelsächsischen – Wüstungsforschung erst einmal unberücksichtigt.[13]

Andererseits wagte selbst Wilhelm Abel ganze drei Anläufe mit seinem – im Sinne des Themas, nicht des Inhalts – konkurrenzlosen Buch zu den „Wüstungen des ausgehenden Mittelalters".[14] Deshalb finden die fehlenden Bereiche vielleicht in einer zukünftigen Revision dieser Einführung ihren gerechtfertigten Platz.

---

12 Dieser Meinung war man zumindest im Bayern 2 „Radiowissen"-Podcast „Lost Places – ‚Verlorene Orte' zwischen Zerfall und Erinnerung" vom 13. Juli 2017, wo man die von mir ausgegrabene Wüstung Lindelach recht populär präsentierte: <https://www.br.de/mediathek/podcast/radiowissen/lost-places-verlorene-orte-zwischen-zerfall-und-erinnerung/31647> [09.05.2021].

13 Einen sehr guten Einstieg in die britische Wüstungsforschung – ausgehend von den Grundlagenarbeiten Maurice Beresfords (als „Klassiker": Beresford 1954) und John Hursts (Beresford/Hurst 1971) sowie den wegweisenden Ausgrabungen in Wharram Percy, der wohl bekanntesten englischen Wüstung – bietet die Internetseite: <www.dmvhull.org> [09.05.2021]. Außerdem jüngeren Datums: Dyer/Jones 2010.

14 Abel 1943. – Abel 1955. – Abel 1976.

Trotz all dieser Aussparungen sind die folgenden Inhalte komplex genug! Bereits Walter Janssen (1936–2001) – ein Wegbereiter der deutschen Mittelalterarchäologie – erkannte schon Ende der 1960er Jahre, dass „ein einzelner Forscher sachlich und zeitlich kaum in der Lage ist, allen Anforderungen [Anm. d. Verf.: der Wüstungsforschung] in gleicher Weise gerecht zu werden“[15]. Und daran hat sich bis heute nichts geändert.

Jedenfalls freue ich mich, wenn das vorliegende Arbeitsheft den einen oder anderen Leser für die Begrifflichkeit und den facettenreichen Themenblock von „Wüstungen“ samt ihrer Erforschung sensibilisiert.

Es soll eine aus meiner Sicht vorhandene Lücke füllen und dabei eine aktuelle Zusammenfassung von Forschungsmethoden und -geschichte im deutschsprachigen Raum, Quellen und Werkzeugen von Wüstungserforschung und -lokalisierung, Begriffsdefinitionen und schließlich den Auslösern spätmittelalterlicher Wüstungsprozesse bieten. Abgerundet wird der Text mit einer kurzen Passage zu den oft nachhaltigen Folgen jener gravierenden Landschaftsveränderungen und einem kleinen Ausblick auf den Status quo sowie aktuelle Herausforderungen und Perspektiven der Wüstungsforschung.

Als wichtiges Hilfsmittel für eigene vertiefende Recherchen dient schließlich die sicher kaum vollständige, aber wenigstens grundlegende Liste der – so sah es Wilhelm Abel interessanterweise schon 1943 – „ungewöhnlich verstreuten, sehr zahlreichen [Anm. d. Verf.: teilweise sehr redundanten] und völlig uneinheitlich ausgerichteten Wüstungsliteratur“[16].

In diesem Sinne wünsche ich Ihnen neue Erkenntnisse bei der hoffentlich interessanten Lektüre, Lust auf die Kulturlandschaft vor Ihrer Haustür und ein breiteres Verständnis der Wüstungsforschung in Deutschland.

Eike Henning Michl, August 2021

15 Janssen 1968a, S. 30.

16 Abel 1943, Vorwort, o. S.

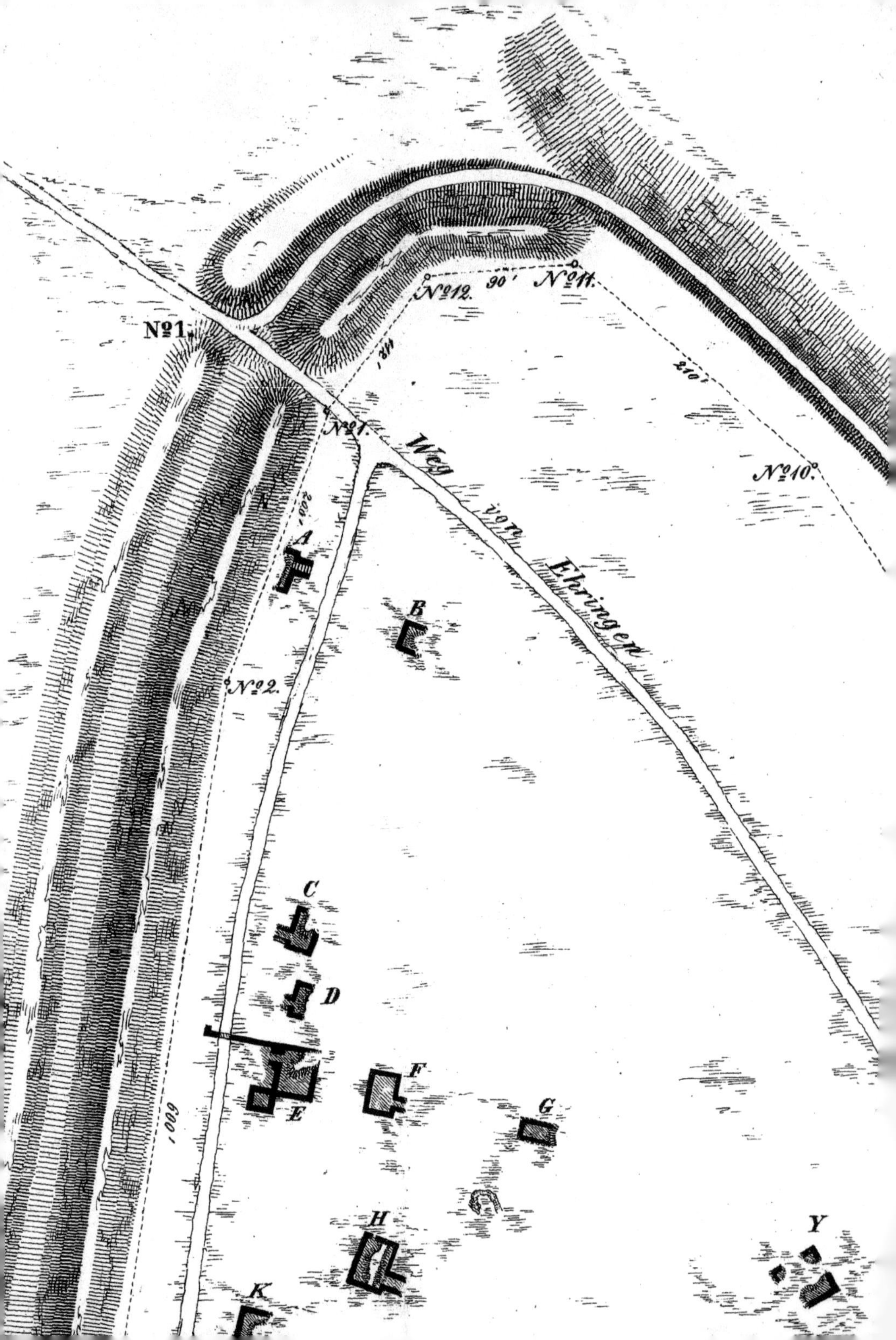

Nº1.
Nº12.
90'
Nº11.
134
210'
Nº1.
Weg von Ehringen
Nº10.
A
B
Nº2.
C
D
E
F
G
H
K
Y
600'

KAPITEL 1

Wüstungsbegriff und Wüstungsforschung – Basiswissen

Zu Beginn direkt die lange Kurzdefinition in einem Satz. Am besten zweimal lesen: Der Terminus „Wüstung“ gilt heute in den historisch-geografischen und mittlerweile auch archäologischen Wissenschaften weitgehend übereinstimmend als engere Bezeichnung für den Verband oder Teile von ländlichen Siedlungen samt den dazugehörigen parzellierten Wirtschafts- und Agrarflächen (Fluren), die in ihrer räumlichen Komponente wiederum jeweils partiell oder vollständig sowie in ihrer zeitlichen Komponente übergangsweise oder permanent in der Vergangenheit aufgegeben worden sein konnten.[17]

Man konzentriert(e) sich bei dieser Begrifflichkeit chronologisch und mit Bezug auf das „heute noch fortbestehende Siedlungsgefüge“[18] auf zwei mittlerweile in der Forschung wegen ihres Ausmaßes als „klassisch“ etablierte „Wüstungsperioden“. Nämlich die des hohen Mittelalters auf der einen (hier 11.–13. Jh.) und die des späten Mittelalters (insbesondere 14./15. Jh.) mit Nachwirkungen bis in die frühe Neuzeit auf der anderen Seite.[19] Deren signifikant voneinander abweichende Ursachen und Prozesse sollen hier aber vorerst ausgeklammert und später im Text erläutert werden.

17 Aktuellste Kurzdefinition bei: Bergmann 2007, S. 272f. Zu den Details der schrittweisen Entwicklung des sogenannten Wüstungsschemas vonseiten der Historischen Geografie (insbesondere durch Kurt Scharlau, Wilhelm Abel und Martin Born sowie mit Denkanstößen von Hans Mortensen, Klaus Fehn und Frank Norbert Nagel) siehe Kapitel 2.

18 Schreg 2006a, S. 41.

19 Vgl.: Janssen 1968a, S. 36. – Abel 1978a, S. 88.

Grundsätzlich diskutierte die primär geografische Forschung schon früh, recht lange und teilweise sehr heftig über einen „erweiterten Wüstungsbegriff“. Dieser wollte einerseits andere raumgliedernde Elemente einer Kulturlandschaft wie beispielsweise industrielle und gewerbliche Anlagen („Industriewüstung“/“Gewerbestättenwüstung“[20]) oder abgegangene sowie degenerierte Städte („Stadtwüstungen“[21]) miteinbeziehen, andererseits den „klassischen“ Wüstungsbegriff mit Bezug auf das Mittelalter auch auf andere Zeiträume, unter anderem die Frühgeschichte oder die Neuzeit, ausdehnen.[22]

Bei diesen Voraussetzungen würden Wüstungen dann im Grunde fast alle überkommenen Relikte und Elemente früherer Kulturlandschaften darstellen[23]. Diese Sichtweise veranlasste etwa Martin Born (1933–1978), einen sehr einflussreichen Wüstungsforscher aus den Reihen der Historischen Geografie, dazu, bereits den Substanzverlust der parzellierten Kulturlandschaft als „charakteristisches Merkmal“ bzw. ausschlaggebend für eine Definition als „Wüstung“ anzusehen[24].

Dies ist aber nur ein exemplarisches Beispiel für die zeitweilig hitzige, manchmal überaus detailversessene und letztlich bis heute nicht befriedigend abgeschlossene Debatte über die zeitlichen und sachlichen Feinheiten des Wüstungsbegriffs, auf die ich später noch einmal differenzierter eingehe.

---

20 Trotz vorangegangener Debatte (z.B. durch: Janssen 1968a, S. 34f.) erstmals gefordert bzw. ausführlicher formuliert von: Düsterloh 1967, S. 34ff. – Düsterloh 1972, S. 483ff.

21 Der Themenkomplex von Stadtwüstungen wird erwähntermaßen ausgespart, da deren Untersuchung vor allem wegen der Multifunktionalität und besonderen Struktur von Städten sowie grundsätzlich anderen Degradierungsprozessen („Funktions- oder Statuswüstungen“; siehe dazu das Schaubild bei: Küntzel 2008, S. 129) etwas komplizierter ist und sich zu weit vom eigentlichen Thema entfernt. Einen guten Einstieg in dieses Feld mit weiterführender Literatur vermitteln: Stephan 1997. – Küntzel 2008.

22 Zusammenfassend zum Stand der Forschungsdiskussion bis zum Ende der 1970er Jahre beispielsweise: Born 1979. Siehe ausführlich dazu Kapitel 2.

23 Vgl.: Henkel 1975, S. 97.

24 Vgl.: Born 1979, S. 44ff.

Aktuelle Einteilung

Konsens herrscht mittlerweile zumindest über die Rahmenbedingungen der Einteilung in a) Ortswüstungen (=verlassene Wohnstätten), b) Flurwüstungen (=aufgegebene oder degenerierte, parzellierte Wirtschafts- bzw. Agrarflächen existenter oder verschwundener Siedlungen) und c) Wüstungsfluren (=aufgelassene oder weiterhin genutzte Wirtschaftsflächen abgegangener Siedlungen).

Und so wichtig, dass ich es noch einmal wiederholen muss: All diese einzelnen Elemente – also die Orte und Fluren – können in ihrer a) räumlichen Komponente partiell oder total und in ihrer b) chronologischen Komponente permanent oder zeitlich befristet (hier dann zuweilen sogar in „temporär" oder „interimistisch" unterschieden[25]) aufgegeben worden respektive wüst gefallen sein (Abb. 2–6). Ich komme darauf zurück.

Verkompliziert wird dieser Sachverhalt aber dadurch, dass Orts- und Flurwüstungen zeitlich und kausal zwar oft, aber eben nicht immer miteinander verknüpft sind, da ihr Wüstfallen in der Regel auf anderen Ursachen beruht.[26] So kennzeichnet eine Flurwüstung praktisch nur die Aufgabe der Landwirtschaft und einen meistens überhaupt nicht nachweisbaren Übergang – im Regelfall eine Extensivierung – zu einer neuen bzw. anderen Nutzungsform (Weideland, Wiese, Wald o. ä.).[27]

Es gibt ein weiteres Hindernis der statischen Einteilung und der historischen Greifbarkeit von Wüstungen und Wüstungsprozessen. Nämlich, dass diese „negativen" Regressions- – hier im Sinne von siedlungsbezogenen Rück-

25 Letzteres wurde 1964 vom Geografen Hans Mortensen als Terminus vorgeschlagen im Sinne eines sehr zeitnahen Wiederaufbaus von Siedlungsstrukturen mit weitgehender Wiederherstellung des ehemaligen Grundgefüges der Orts- und Flurformen im Gegensatz zu „temporären" Wüstungen, welche dann mit veränderten Strukturen restauriert worden wären: Mortensen 1964, S. 232.

26 Dies betonte bereits: Scharlau 1933, S. 10.

27 Zur Definition beispielsweise: Jäger 1964, S. 130f.

entwicklungs-, „Schrumpfungs-“ oder Rückbildungsvorgängen (vom lateinischen Verb „regredi“ = zurückgehen) – ebenso wie die oft damit in Verbindung stehenden „positiven“, „expansiven“ oder „progressiven“ Siedlungsvorgänge mit Ausnahme von plötzlichen Zerstörungen immer längere, episodische und dynamische Prozesse mit verschiedenen Abstufungen bzw. Entwicklungsphasen darstellen. Das führt dazu, dass selbst die damaligen Zeitgenossen – obwohl unmittelbar betroffen – diese vielfach schleichenden Vorgänge in den seltensten Fällen signifikant spürten.

Der Begriff

Deswegen ist auch der Terminus „Wüstung“ an sich, welcher aus dem in spätmittelalterlich-frühneuzeitlichen Quellen verwendeten althochdeutschen Begriff „wuosti“ bzw. dem mittelhochdeutschen Wort „wüeste“[28] (auch: „wustunge“, „wustenunge“, „wüst“ oder lateinisch dann „villa/area desolata/deserta“) entlehnt wurde,[29] in seinem heutigen Sinne ein völlig modernes Konstrukt[30].

Damals konnte er letztlich mit zwei verschiedenen Bedeutungen belegt sein: „Einmal bezeichnet er das gänzlich unkultivierte Land, das noch niemals von Kultivierungsmaßnahmen des Menschen betroffen wurde; zum anderen bedeutet er das

---

28 Beide Begriffe im Sinne von „wüst“, „öde“, „einsam“, „leer“, „unwirtlich“. Nach: Köbler 1993, S. 1299.

29 Vgl.: Janssen 1975, S. 15f. – Wenzel 1990, S.246ff. – Bergmann 2007, S. 273f. – Sprandel 2009, S. 113.

30 Diese Zuordnungsprobleme wurden bereits recht früh deutlich, beispielsweise als Hans Mortensen 1923 feststellte, dass „der Begriff Wüstung nach der heutigen Definition etwas durchaus Unklares ist“ und „die Entscheidung der Frage, was man demnach als Wüstung bezeichnen sollte [...] daher nicht einfach ist“. Wenigstens war er bezüglich des Rätsels Lösung so ehrlich zuzugeben, dass „sie ihm nicht gelungen ist“ (Mortensen 1923, S. 64f.).

aus der Kultivierung entlassene, das aufgegebene ehemalige Kulturland"[31].

Während die Konnotation des ursprünglichen Begriffs zwar einerseits zwischen Wildnis bzw. Naturlandschaft auf der einen und der Kulturlandschaft auf der anderen Seite unterscheiden konnte, war das wirtschaftsrelevante Charakteristikum viel häufiger und deutlich wichtiger. Es bezog sich aber seltener auf die Wohnplätze der Menschen, sondern normalerweise auf die Fluren, also „den Grund und Boden"[32]. Heißt, dass man die Ländereien nicht mehr in vollem Umfang bzw. nur noch partiell oder auch anders nutzte und diese somit keine vollen Erträge mehr einbrachten.[33]

Eine Wüstung war in der schriftlichen Überlieferung des Spätmittelalters also erst einmal primär das ungenutzte oder einer Extensivierung unterzogene Wirtschaftsland, verbunden mit der Auflösung ehemaliger Besitzstrukturen und dem Wegfall oder der Änderung von Rechts- und/oder Steuerverhältnissen, sprich im Sinne der „grundherrschaftlichen Qualität"[34] zu verstehen.

Dabei lassen sich in der Regel anhand einer Quellennennung kaum Rückschlüsse auf den baulichen oder „kulturlandschaftlichen" Zustand der Wüstung ziehen, welcher per heutiger Definition hingegen eines der Kernmerkmale ist. Ergo brauchte „ein wüstes Haus [...] somit nicht verfallen zu sein, ein zerfallenes oder zerstörtes Haus war nicht in jedem Fall wüst"[35].

---

31 Janssen 1968a, S. 32.

32 Vgl.: Scharlau 1933, S. 6f.

33 Vgl.: Abel 1976, S. 60f.

34 Vgl.: Bergmann 2007, S. 274. In den Grundzügen bereits erkannt von: Mortensen 1923, S.64f.

35 Born 1980a, S. 147. Martin Born formuliert die Bedeutungen in den spätmittelalterlich-frühneuzeitlichen Quellen noch einmal anders (Born 1980a, S. 148): „Zusammenfassend kann so gesagt werden, daß mit dem Begriff ‚Wüstung' im späten Mittelalter und in der frühen Neuzeit entweder verlassene Ortschaften oder Siedlungen bzw. Flurteile, bei denen eine Minderung der Steuerleistungen von Änderungen bzw. einem Unsicherwerden der Besitz- und Nutzungsrechte begleitet

Zusätzlich spielten die Wohnstätten selbst erwähntermaßen ohnehin eine sehr untergeordnete Rolle in der Rechtsdokumentation, da es ja in erster Linie die Fluren waren, welche die wirtschaftlichen Einkünfte generierten. So erkannte bereits der Geograf Kurt Scharlau (1906–1964) im Jahr 1933, dass „in diesen Wüstungsvorgängen und -schicksalen der Feldfluren [...] im geographischen Sinne das eigentliche physiognomische Moment dieser Epoche [Anm. d. Verf.: des Mittelalters] zu sehen [ist]“[36].

Einer Mehrdeutigkeit und unvollkommenen Präzision des zeitgenössischen mittelalterlich-frühneuzeitlichen Wüstungsbegriffs ohne qualitative und quantitative Angaben oder gar der Ursachennennung von Wüstungsprozessen steht heute aber eine ausgefeilte, trotz jahrzehntelanger Diskussion weiterhin nicht zufriedenstellend abgeschlossene Terminologie der überwiegend historisch-geografischen Forschung gegenüber.

Regression und Expansion

Wüstungen sind in der Regel Ausdruck des Zusammenspiels zweier grundlegender siedlungsräumlicher Entwicklungsmuster innerhalb einer Kulturlandschaft: Dabei handelt es sich um entweder a) Siedlungsregressionen, also den Vorgang der Schrumpfung/Entleerung/Komprimierung einer Siedlung oder eines Siedlungsbestandes, oder um b) Siedlungsexpansionen,

wird, gekennzeichnet werden. ‚Wüst‘ bezieht sich dagegen auf Objekte, von denen nicht die vollen Steuerabgaben anfallen oder die sich in extensivierter Bewirtschaftung befinden, ohne daß es dadurch schon zu einer rechtswirksamen Änderung der Besitzverhältnisse in einem größeren Siedlungskomplex (Dorf oder Flur) gekommen ist.“

36 Scharlau 1933, S. 9.

sprich eine meist, aber nicht immer mit Wachstum verbundene Populationsausbreitung bzw. -verteilung.[37]

Längere Zeiträume mit dem gehäuften Auftreten von Wüstungsvorgängen und/oder Siedlungsgründungen wiederum, die es individuell grundsätzlich zu jeder Zeit gab und gibt, werden gerne in „Wüstungs-“ und/oder „Kolonisationsperioden“ zusammengefasst.

Manchem Forscher nach aber nur, wenn dabei ein gemeinsames Ursachenbündel bestand.[38] Dies gilt erwähntermaßen besonders für Wüstungen des hohen Mittelalters (11.–13. Jh.) auf der einen und jene des Spätmittelalters (hier vor allem im 14./15. Jh.) auf der anderen Seite, für welche sich der Begriff dann letztlich auch durchsetzte.

Um einer einzelnen Wüstung und den damit verbundenen Vorgängen oder gar den überregionalen Siedlungsregressionen tatsächlich auf den Grund zu gehen, ist das Studium der umgebenden Umwelt unvermeidlich. Damit ist der Wissenschaftler aber nun bereits im interdisziplinären Feld der Kulturlandschafts- und „diachronen Prozessforschung“[39] gelandet. Deren intensive Bearbeitung ist im Alleingang überhaupt nicht mehr zu bewältigen, da hier Quellen und Methoden aus den unterschiedlichsten Fachbereichen und Forschungsfeldern involviert sind.

Die Wüstung selbst ist dabei nur ein (historisches) Phänomen und Ausgangspunkt weiterer Untersuchungen, weil sich die wissenschaftlichen Inhalte der einzelnen beteiligten Disziplinen eher mit Ursachen, Folgen, Prozessen, Quantitäten oder Qualitäten beschäftigen. Und das auf individuellen Wegen, weil sie mit ihren Werkzeugen, Methoden und Quellen jeweils unterschiedliche Beiträge leisten.

---

37 Grundlegend zu diesen Prozessen, vor allem ersterem: Denecke 1985. – Denecke 1989. – Denecke 1994a. Die ersten beiden Aufsätze wurden unverändert erneut gedruckt als: Denecke 2005a. – Denecke 2005b.

38 Vgl.: Fehring 1973, S. 34. Siehe zu den Ursachen Kapitel 4.

39 Recker 2012, S. 245.

Beteiligte Wissenschaften

Drei Kernfächer spielen die Hauptrollen innerhalb der Wüstungsforschung,[40] welche auch wissenschaftsgeschichtlich bzw. chronologisch aufeinander aufbauten:[41] Zum einen ist dies a) die klassische Geschichts- bzw. siedlungs- und landeshistorische Forschung. Sie verfolgt(e) das Hauptziel der Untersuchung von Ursachen, Chronologien und Folgen der Wüstungsvorgänge sowie der Erfassung selbiger durch die Erstellung von Wüstungsverzeichnissen und -katalogen.

Dabei mussten sich die Wissenschaftler allein aufgrund ihres wichtigsten Werkzeugs – den schriftlichen Quellen – fast ausschließlich auf die mittelalterlichen und frühneuzeitlichen Wüstungen konzentrieren. Nichts desto trotz berücksichtigten sie aber wenigstens auch andere historische Teildisziplinen wie beispielsweise die Wirtschafts-, Sozial- oder Agrargeschichte sowie die Namenforschung.

Als zweite und wohl hinsichtlich der Terminologieausformung des Wüstungsbegriffs zweifellos bedeutendste Fachrichtung beschäftigt(e) sich die b) Historische (Siedlungs-)Geografie wiederum mit der Untersuchung von Entstehung und Entwicklung der Kulturlandschaft(en) und ihrer Wirkungsgefüge. Darin stellen die Wüstungen dann wichtige raumformende Elemente dar.

Schließlich reihte sich spätestens Ende der 1960er Jahre als jüngste und letzte Hauptdisziplin c) die (Siedlungs-)Archäologie des Mittelalters in diese Gruppe ein. Sie kann mit ihren Arbeitsmethoden vor allem lokale Struktur-, Sachkultur- und Ablaufforschung betreiben, brachte aber außerdem neue (und nötige) Impulse sowie Diskussionsbeiträge in die Wüstungsforschung ein.

---

40 Wie von zahlreichen anderen Autoren ebenfalls auf den Punkt gebracht beispielsweise: Bergmann 1994, S. 35.

41 Siehe dazu Kapitel 2

Wichtige Hilfsmittel für alle drei Fächer bieten wiederum die unterschiedlichsten Naturwissenschaften, überwiegend aus dem Bereich der Archäometrie, Umwelt- oder Klimaforschung. Diese können und müssen beispielsweise für Datierungs-, Prospektions-, Rekonstruktions- oder Analysefragen herangezogen werden.

Es zeigt sich also deutlich, dass innerhalb der Wüstungsforschung als gemeinsamer fachlicher Nenner mittlerweile die Grenzen einzelner geistes- und naturwissenschaftlicher Fächer kaum mehr klar abzugrenzen sind und verschwimmen. Bereits der Geograf Klaus Fehn erkannte, dass „eine moderne problemorientierte Wüstungsforschung [...] nur interdisziplinär betrieben werden“[42] kann. So benutzen die drei Teildisziplinen verschiedenen Quellen zwar gemeinsam, aber mit zuweilen abweichenden Schwerpunkten und/oder Fragestellungen.[43] Der namhafte Historische Geograf Dietrich Denecke fasste die wichtigsten Zielsetzungen der Wüstungsforschung letztlich unter den Begriffen der „kulturlandschafts- und siedlungsgenetischen Prozess- und Strukturforschung“ zusammen.[44]

Das ideale Resultat dieser Untersuchungen und der Klärung des damit verbundenen, diachronen „Mensch-Umwelt-Verhältnisses“ bleibt letztlich stets gleich: Es geht um die umfassende Rekonstruktion der Siedlungsgeschichte eines Ortes, einer Landschaft oder einer Region. Bei dieser spielen dann Antworten auf Fragen zum Ausmaß, der räumlichen und strukturellen Differenzierung sowie der Folgen und Ursachen von Siedlungs- und Fluraufgaben sowie deren Wechselbeziehungen zu „positiven“ Siedlungsprozessen (= Bevölkerungswachstum/-ausbreitung) eine gewichtige Rolle.

---

42 Fehn 1983, S. 2.

43 Siehe dazu unbedingt auch eine „anschauliche“ Grafik Dietrich Deneckes mit den drei siedlungsgeschichtlichen Grunddisziplinen „Archäologie – Geographie – Geschichte“ und den ihnen zugeordneten Wissenschaften und Forschungszweigen: Denecke 1975, S. 9.

44 Vgl. beispielsweise: Denecke 1994a. Hier auch grundlegende Gedanken zum Thema.

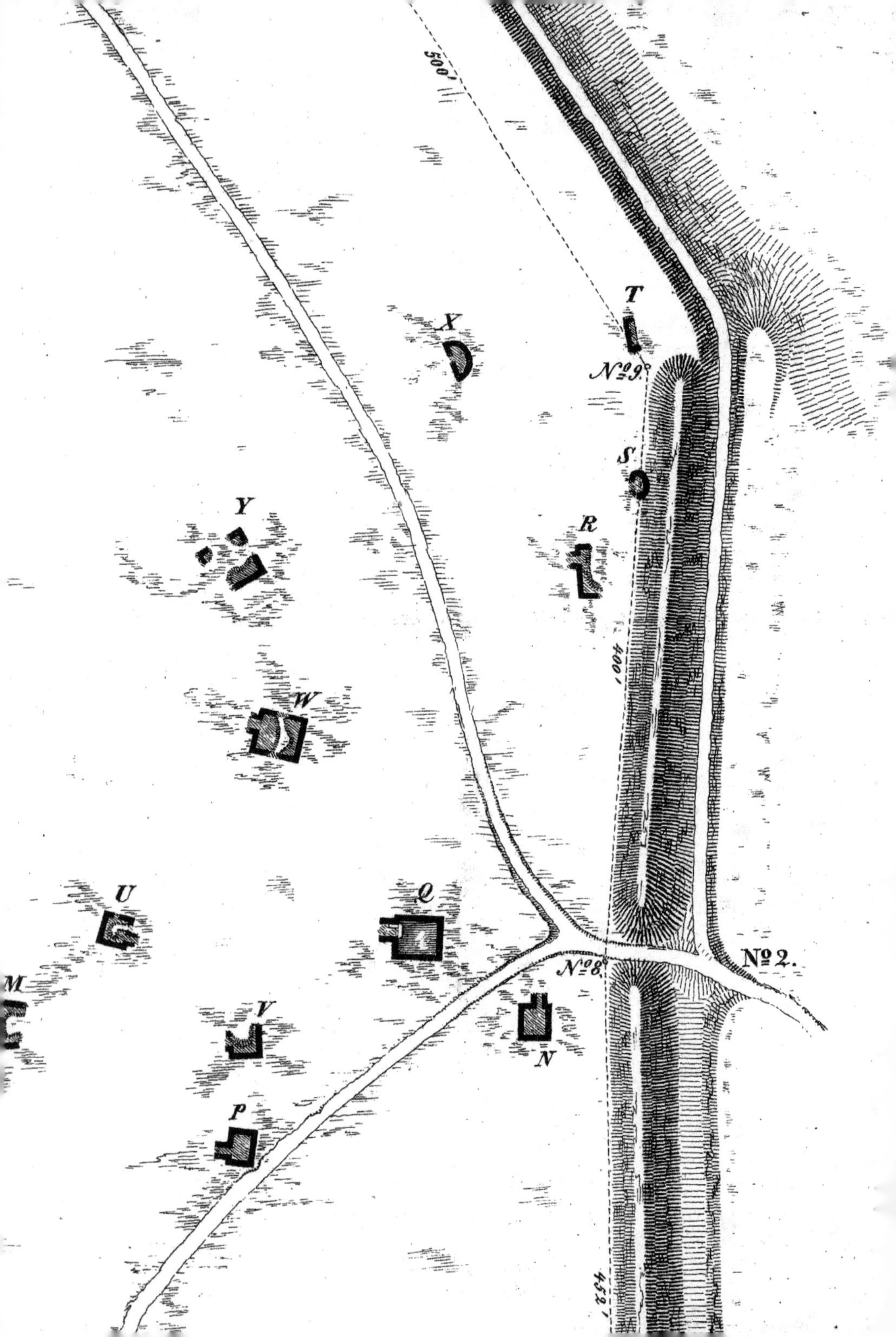
500'
T
X
№ 9.
S
Y
R
400'
W
U
Q
№ 8.
№ 2.
M
V
N
P
452'

KAPITEL 2

Entwicklung der Wüstungsforschung im deutschsprachigen Raum

Grundsätzlich durchlief die Wüstungsforschung in Deutschland drei wichtige Phasen mit unterschiedlichen Zielsetzungen und Fachschwerpunkten. Dabei markieren die historischen Betrachtungsweisen den Startpunkt einer bereits im 19. Jahrhundert beginnenden Entwicklung.[45]

Geschichte

Die historische Landeskunde richtete ihren Fokus anfangs mehrheitlich auf die (weiterhin wichtige) Erstellung von historischen Ortsnamen- bzw. sogenannten Wüstungsverzeichnissen oder -katalogen.[46] Dabei handelt es sich um Auflistungen von im Mittelalter abgegangenen Orten, die man mit aus den Schriftquellen gewonnenen Daten zeitlich und räumlich zu fixieren suchte. Oder anders gesagt, „der Landeshistoriker bemüht sich um die Lokalisation aufgegebener Wohnplätze, um ein möglichst getreues Bild der mittelalterlichen Siedlungsverteilung zu erhalten“[47].

So entstanden derartige Arbeiten beispielsweise in Hessen schon 1834 durch Georg Wilhelm Justin Wagner (1793–1874)[48]

45 Zu Einzelaspekten und der Rolle der Geschichtswissenschaften in der Wüstungsforschung etwa kurz: Quirin 1973, S. 202 ff. – Jäger 1979, S. 194 ff. – Mangelsdorf 1986, S. 16 f. – Recker 2006, S. 166 f.

46 Zur Diskussion um selbige bereits: Beschorner 1904.

47 Born 1974b, S. 23.

48 Wagner 1854. – Wagner 1862. – Wagner 1865.

oder 1858 durch Georg Landau (1807–1865)[49]. Letzterer führte sogar in den Jahren 1836 bis 1838 eine der frühesten, wenn nicht sogar die allererste archäologische Wüstungsgrabung Deutschlands in der verschwundenen nordhessischen Stadtgründung Landsberg bei Wolfhagen durch (Abb. 1).[50] Das muss ich hier erwähnen, auch wenn es sich dabei formal um eine Stadt- und nicht um eine Dorfwüstung handelt.

Damit war Georg Landau seiner Zeit allerdings weit voraus und die Maßnahme bildete zumindest hinsichtlich siedlungsarchäologischer Untersuchungen mittelalterlicher Befunde lange eine seltene Ausnahme. Die Wüstungsforschung blieb für die nächsten Dekaden erst einmal fest in den Händen der Historiker und vor allem meist lokaler Altertums- und Geschichtsvereine sowie einzelner Protagonisten. Diese konzentrierten sich normalerweise auf die Auswertung von Archivalien und arbeiteten selten im Gelände selbst.

Ferner bestanden deren Ziele oftmals ausschließlich in einer Lokalisierung der betreffenden Orte sowie der Datierung ihres Wüstwerdens (anhand von Schriftquellen). Auch Einzelstrukturen wie alleinstehende Gehöfte oder Mühlen, ganz zu

---

49 Landau 1858.

50 Vgl.: Landau 1840a. – Landau 1840b. – Wittenberg 1966/1967, S. 91. Details des 1838 angefertigten Grabungsplanes seiner Untersuchungen sind neben Abb. 1 auch auf dem Buchumschlag sowie bei den Kapitelanfängen dargestellt. Die Kartierung von H. Reuße wurde als etwa 24,5 x 32 cm große Beilage der zweiten Ausgabe der Zeitschrift des Vereins für hessische Geschichte und Landeskunde aus dem Jahr 1840 hinzugefügt (Landau 1840b, Beilage 2). Als Exemplar privat von mir im antiquarischen Buchhandel erstanden, findet sich die Karte online beispielsweise in den digitalen Sammlungen der Hochschul- und Landesbibliothek Fulda unter: <http://nbn-resolving.de/ urn:nbn:de:hebis:66:fuldig-1298081> [22.06.2021]. In den Jahren 1964 und 1965 fanden in der Wüstung Landsberg erneut Ausgrabungen und Untersuchungen statt: Haarberg 1966/1967. – Most 1966/1967. – Wittenberg 1966/1967. Wolfhagen ist passenderweise auch meine Heimatstadt, wenngleich diese Verbindung für mein Interesse am Thema „Wüstungen" spekulativ bleibt. Zu einem jüngst getätigten Archivfund eines noch älteren Planes zu Landsberg siehe: Sippel 2008. Diese Karte von 1817 ist online abzurufen unter: <https://architekturzeichnungen.museum-kassel.de/13201> [20.12.2020].

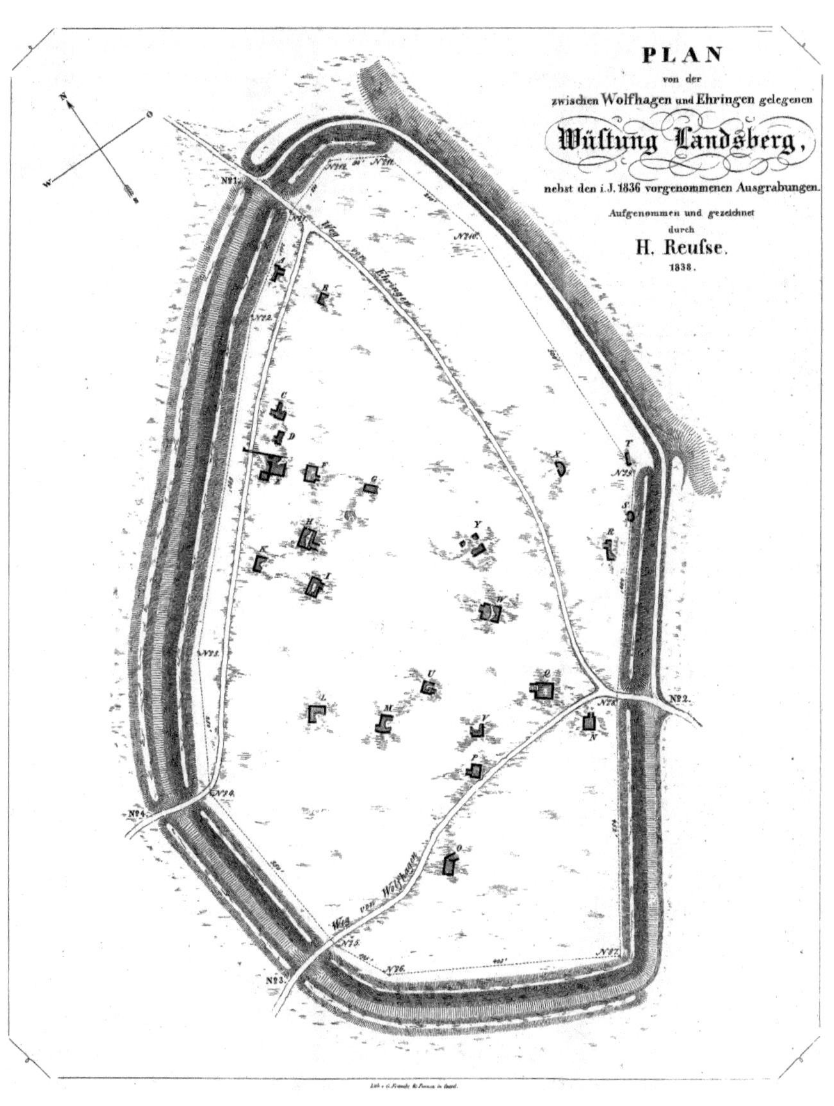

Abb. 1 *Vielleicht der erste publizierte Plan einer wissenschaftlichen Wüstungsuntersuchung samt archäologischer Ausgrabung aus dem Jahr 1838 – die nordhessische Stadtwüstung Landsberg (Landau 1840b, Beilage 2).*

schweigen von den dazugehörigen Wirtschaftsflächen respektive Fluren, fanden hierbei noch keinerlei Berücksichtigung.

Gerade weil „nicht einmal dieser erste Schritt einer Inventarisation wüster Ortsstellen des Mittelalters [...] im entferntesten bisher für den deutschen Raum erreicht worden [ist], obgleich hiermit bereits vor rund 100 Jahren begonnen wurde“[51], ist die Erstellung derartiger Wüstungskataloge für einzelne Regionen – wenngleich heutzutage mit einem deutlich interdisziplinäreren Ansatz – nach wie vor ein wichtiger und weiterhin keineswegs flächendeckend befriedigend ausgearbeiteter Grundpfeiler dieses Forschungsgebietes, der letztlich erst das Fundament für weitere Untersuchungen legt.

Exemplarisch herausgegriffen aus den wenigen aktuellen – da bei fächerübergreifendem Forschungsansatz sehr aufwendigen – Arbeiten sei hier die gewichtige Studie von Rudolf Bergmann zu den Wüstungen des Hoch- und Ostsauerlandes.[52] Dennoch zog der Mittelalter- und Neuzeitarchäologe Rainer Schreg in einer dazugehörigen Rezension ein etwas ratlos klingendes Resümee, als er schrieb, dass „so sehr man sich ähnliche Arbeiten mit der detaillierten Darstellung der einzelnen Wüstungen und der hier vom Autor geleisteten Interdisziplinarität für andere Regionen wünschen würde – in Südwestdeutschland beispielsweise fehlen entsprechende Ansätze völlig –, so stellt sich doch grundsätzlich die Frage nach den künftigen Forschungsperspektiven der Wüstungsforschung und nach der Art und Weise der regionalen Aufarbeitung.“[53]

Doch greife ich hier etwas der langen Wüstungsforschungsentwicklung voraus, obwohl sich die Geschichtswissenschaften genau diese Frage tatsächlich bereits vor über hundert Jahren stellten. Deshalb versuchte erst einmal eine andere Fachrichtung, neue Impulse zu setzen.

---

51 Denecke 1985, S. 13. – Denecke 2005a, S. 62. Diese weiterhin gültige Feststellung wiederholte er elf Jahre später in: Denecke 1994a, S. 13.

52 Bergmann 2015.

53 Schreg 2017, S. 284.

Geografie

Um die Wende zum 20. Jahrhundert tauchten nämlich vermehrt geografische und terminologische Arbeitsschwerpunkte in der Wüstungsforschung auf. Pioniere des Faches wie Alfred Grund (1875–1914), Otto Schlüter (1872–1959) oder der Historiker Hans Beschorner (1872–1956) wagten sich nun an die Einbeziehung vergangener Siedlungen in ihre (Kultur-)Landschaftsuntersuchungen.[54]

Ersterer fragte beispielsweise im Jahr 1901 nach dem Wesen und den Ursachen der Wüstungshäufungen im späten Mittelalter.[55] Otto Schlüter, dessen Verdienst die Integration der landesgeschichtlichen Forschung in die Siedlungsgeografie sei,[56] prägte 1903 hingegen zwei bezüglich einer Bevölkerungsdynamik bzw. -entwicklung recht passende Begriffe: Nämlich den einer „positiven" Siedlungsperiode mit Bevölkerungswachstum während des Hochmittelalters auf der einen (etwa durch günstige klimatische Bedingungen, Ressourcenüberschüsse, technologische Innovationen, Ausbildung des Städtewesens) und insbesondere den eines „negativen" Pendants während des späten Mittelalters auf der anderen Seite (u.a. durch Klimaverschlechterungen, Landschaftsübernutzung oder Seuchen).[57] Dies wird in einem kommenden Abschnitt aber noch einmal thematisiert.

Nur abschließend zur Terminologie: Der bekannte Kulturgeograf Helmut Jäger (1923–2017) hielt den Begriff einer „negativen Siedlungsperiode" mangels näherer Ursachenformulierung für zu „diffus"[58]. Er schlug deshalb das mittlerweile etablierte und in der Folge immer wieder auftauchende Fachwort „Regression" vor, weil es „die Begriffe Wüstungsperiode,

---

54 Vgl.: Grund 1901, S. 121 ff.; S. 189 ff.; S. 195. – Beschorner 1903, S. 15 ff. – Schlüter 1903, S. 202 ff.

55 Vgl.: Grund 1901, S. 124 ff.

56 Vgl.: Born 1974b, S. 22.

57 Vgl.: Schlüter 1903, S. 209 ff.

58 Jäger 1975, S. 3.

Entsiedelung, Bevölkerungsrückgang, Sozialbrache u.ä. subsumiert“[59]. Jedenfalls ist eine ganz wichtige Erkenntnis den Herren Grund und Schlüter zu verdanken, denn sie „stellten die Wüstungen in den raum-zeitlichen Prozeß säkularer Siedlungsbewegungen und erkannten erst dadurch in voller Deutlichkeit, daß es eine Wüstungsphase des ausgehenden Mittelalters mit einer Massierung von abgegangenen Orten gibt“[60].

Doch zurück zum beginnenden 20. Jahrhundert: Aktuell war zu dieser Zeit außerdem eine Diskussion um Wüstungen „im weiteren“ und „im engeren Sinne“. Dabei sollte letzteres nur die vollständigen bzw. vollständig verschwundenen Dörfer, ersteres aber eben alle abgegangenen siedlungsrelevanten (Einzel-)Strukturen in der Kulturlandschaft umfassen.[61]

Das Schicksal einer individuellen Flur, die „entweder noch selbstständig fortbesteht oder von den Bewohnern nächstliegender Orte mit bebaut wird oder ganz mit anderen Fluren bestehender Dörfer verschmolzen ist“[62] oder „einfach von ihren Besitzern verlassen wurde [...; Anm. d. Verf.: oder] allmählich mit Wald bedeckt“[63] war, hinterfragte man beiläufig zwar ebenfalls, bezog dieses aber noch nicht fest in ein ohnehin bislang fehlendes Wüstungsschema ein.

Selbst die zeitliche Komponente (temporär/interimistisch[64]) findet in Hans Beschorners Ausführungen aus dem Jahr 1903, freilich ohne die heute gebräuchlichen Termini, grundsätzlich schon Platz. Denn er war der Meinung, dass einerseits „vor-

---

59 Vgl.: Ebd., S. 5.

60 Jäger 1979, S. 197.

61 Vgl.: Beschorner 1903, S. 16. – Beschorner 1939, S. 183f. Otto Schlüter und (zumindest anfänglich) Hans Mortensen lehnten allerdings deren Einbeziehung ab bzw. schätzten den Erkenntniswert bei Berücksichtigung der diversen Einzelstrukturen als wenig ertragreich ein: Schlüter 1903, S. 203. – Mortensen 1923, S. 63.

62 Beschorner 1903, S. 16.

63 Beschorner 1904, S. 10.

64 Zum Begriff „interimistisch“ siehe auch Anm. 25, weiter unten im Text oder: Mortensen 1964, S. 232.

übergehendes Wüstliegen während weniger Jahre oder Jahrzehnte [...] nicht zur Aufnahme eines Ortes in das Wüstungsverzeichnis berechtigt", andererseits aber alle „erst nach geraumer Zeit wieder völlig neu aus der Asche erstanden[en]" Dörfer hingegen dort integriert werden sollen.[65]

Des Weiteren wies der für Fach und Thematik gleichermaßen bedeutsame Geograf Hans Mortensen (1894–1964) bereits 1923, wenn auch ohne nähere Ausführungen, auf die Problematik des quantitativen Umfangs eines Wüstungsprozesses respektive das „partielle" Wüstfallen einer Siedlung hin.[66] Viele aktuelle und langlebige Gedanken zu dem großen Komplex der bis dato ausschließlich historisch-geografischen Wüstungsforschung wurden also tatsächlich recht früh geäußert. Die methodische Basis, eine fachliche Tiefe und eine einheitliche Nomenklatur hatten sich diesbezüglich allerdings noch nicht ausreichend entwickelt.

Das Jahr 1933 markiert deshalb die vielleicht wichtigste Wegmarke der hier vorgestellten Forschungsgeschichte! Denn genau hier wurde der „ältere Wüstungsbegriff", welcher trotz oben genannter Ausnahmen normalerweise nur die „Hauptwohnplätze" der Siedlungen betrachtete, durch ein erstes, von Kurt Scharlau (1906–1964) entwickeltes „Wüstungsschema" abgelöst. Der Schüler Hans Mortensens formulierte seine Gedanken in einem für das Thema obligatorischen und zudem den damaligen Wissensstand zusammenfassenden Grundlagenaufsatz.[67]

Das bis heute in seiner Kernidee gültige und vielleicht gerade wegen seiner Schlichtheit so erfolgreiche wie weiterhin brauchbare Modell trennte nun bei Fokussierung auf die spätmittelalterliche Wüstungsphase explizit zwischen a) Ortswüstungen auf der einen und b) Flurwüstungen auf der anderen

---

65 Beschorner 1903, S. 17. Diese Schwierigkeiten wurden auch erkannt von: Scharlau 1933, S. 3f.

66 Vgl.: Mortensen 1923, S. 63ff.

67 Vgl.: Scharlau 1933.

Seite. Beide konnten bezüglich ihrer räumlichen Komponente wiederum jeweils partiell oder total ausfallen, was im „schlimmsten" Fall zu einer Totalwüstung führen würde, wenn sowohl Wohnstätten als auch Wirtschaftsflächen komplett verschwunden wären (Abb. 2).[68]

Nun war endlich eine einfache, aber „glasklare"[69] Abgrenzung des Forschungsgegenstandes mit verschiedenen Stadien der Wüstungsbildung sowie ihren Elementen und einer quantitativen Berücksichtigung des Wüstungsumfangs geschaffen. Diese erlaubte jetzt außerdem Fragen zu Veränderungen der landwirtschaftlichen Nutzflächen während der Wüstungsperiode unter Beachtung der jeweiligen Orte.

Ebenso waren die vorher lange Zeit zumindest vernachlässigten Einzelstrukturen wie Höfe, Burgen oder Mühlen nach Scharlaus Ansicht zweifellos in diese Betrachtungen miteinzubeziehen,[70] weil sie unbestrittenermaßen ihren Teil zur Kulturlandschaftsbildung beitrugen oder gar Ausdruck diverser Wüstungsvorgänge sein konnten.[71] Vor allem „verlegt[e] sich das Schwergewicht der Betrachtungsweise [Anm. d. Verf.: nun] von der bloßen Feststellung der Wüstungen auf die Ermittlung des Wüstungsvorgangs, als dessen Folgeerscheinung wir die verschiedenen Wüstungstypen auffassen"[72].

In den Dreißiger Jahren des 20. Jahrhunderts erfolgte dann – fast ein Jahrhundert nach Georg Landaus Untersuchungen in der Stadtwüstung Landsberg – die erste „moderne" archäolo-

68 Vgl.: Ebd., S. 9ff.

69 Mortensen 1944, S. 195.

70 Während sich anfangs vermeintlich „mit dem Begriff der Wüstung im weitesten Sinne, also mit Einbeziehung der Güter, nicht viel anfangen" ließ (Mortensen 1923, S. 63), schließt sich Hans Mortensen im Jahr 1944 dieser Meinung dann letztlich doch an: Mortensen 1944, S. 194.

71 Vgl.: Scharlau 1933, S. 15. Vereinzelt eigene Diskussion über die Reaktion auf sein Schema vonseiten der Wissenschaft beispielsweise bei: Scharlau 1938.

72 Scharlau 1933, S. 10.

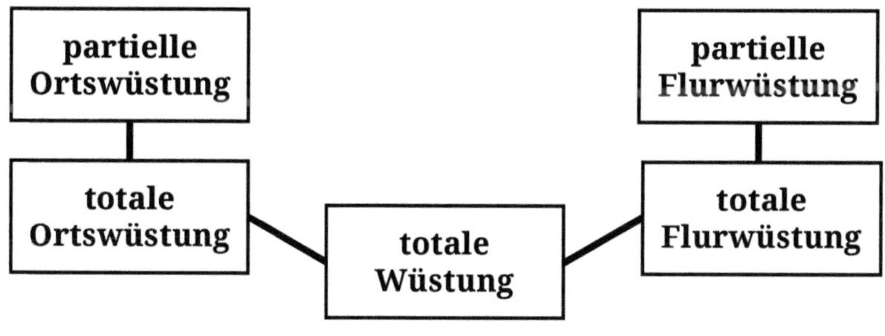

Abb. 2 *Das räumliche Wüstungsschema nach Kurt Scharlau aus dem Jahr 1933 (Scharlau 1933, S. 10) markiert den Startpunkt der Entwicklung des historisch-geografischen Wüstungsschemas.*

gische Flächengrabung in einer verschwundenen ländlichen Siedlung. Paul Grimm (1907–1993) war es, der die Wüstung Hohenrode am Harzrand zwischen 1935 und 1937 zu großen Teilen freilegte und dabei nun auch Fragen zu Bau- und Sachkultur, Wirtschaftsweisen oder Infrastruktur zu beantworten suchte.[73]

Sichtbar wird hier bereits ein terminologisches und abgrenzungsspezifisches, vonseiten der Wissenschaft aber erst ab dem Ende der 1960er und insbesondere in den 1970er Jahren diskutiertes Problem. Denn man müsste ja letztlich „aus archäologischer Sicht [...] jede abgegangene Siedlung – ohne Ansehen ihrer Zeitstellung und auch der Siedlungsart – als Wüstung bezeichnen“[74]. Oder nicht?[75]

73 Vgl.: Grimm 1939.

74 Fehring 1973, S. 33.

75 Als frühe Protagonisten in dieser Debatte um die Wüstungsforschung innerhalb der Siedlungsarchäologie sind insbesondere Walter Janssen (z. B. Janssen 1968a. – Janssen 1968b. – Janssen 1969. – Janssen 1975. – Janssen 1979) und Günther Fehring (Fehring 1973) zu nennen.

Im Hinblick auf diese Definition wären also beispielsweise auch die ebenfalls zu dieser Zeit stattfindenden Untersuchungen Herbert Jankuhns (1905–1990) im frühmittelalterlichen Handelsplatz Haithabu als „Wüstungsgrabungen“ zu verstehen. Und selbst „die Siedlungen aus vor- und frühgeschichtlicher Zeit muss der Archäologe wie die des Mittelalters grundsätzlich als Wüstungen ansprechen“[76].

Zur Terminologie in der Spatenforschung aber später mehr, wenngleich an dieser Stelle bereits festzuhalten ist, dass sich die Archäologie heute, sofern je nach Einzelfall überhaupt im Bewusstsein einer reflektierten Begriffsdefinition, mehrheitlich an den historisch-geografischen Rahmenbedingungen orientiert. Dementsprechend beschäftigt sich innerhalb der archäologischen Wissenschaften heute allein die unabhängige Fachdisziplin der Mittelalter- und Neuzeitarchäologie[77] mit Wüstungen im klassischen Sinne und nach aktueller Definition.

Zehn Jahre nach Veröffentlichung des Scharlau‘schen Wüstungsschemas erschien im Jahr 1943 das in überarbeiteten Auflagen sowohl 1955 als auch 1976 erneut publizierte Grundlagenwerk „Die Wüstungen des ausgehenden Mittelalters“ vom Agrar-, Wirtschafts- und Sozialhistoriker Wilhelm Abel (1904–1985).[78]

Seine Arbeit besaß jahrzehntelang vermutlich den größten und deshalb stets zu berücksichtigenden Einfluss auf die deut-

76 Janssen 1968b, S. 347.

77 Einführend und überblicksartig die beiden Standardwerke zur deutschsprachigen Mittelalter- und Neuzeitarchäologie: Fehring 2000. – Scholkmann u. a. 2016. Als etwas populärerer Überblick: Scholkmann 2009. Englischsprachig: Graham-Campbell/Valor 2007. – Carver/Klápště 2011.

78 Abel 1943. – Abel 1955. Der „Aktualität“ halber beziehen sich die weiteren Literaturangaben allein auf die letzte Ausgabe von 1976: Abel 1976. Bereits ein Jahr später folgte die erste kritische Auseinandersetzung mit Abels Arbeit bzw. eine Rezension durch: Mortensen 1944, S. 202 ff. Außerdem eine kritische Stellungnahme anlässlich der zweiten Auflage von: Scharlau 1956.

sche Wüstungs- und vor allem Wüstungsursachenforschung. Das liegt unter anderem daran, dass man die von ihm vertretene und später detaillierter thematisierte „Agrarkrisentheorie“ wiederholt teilweise kontrovers und ausgiebig diskutierte.

Aus forschungsgeschichtlicher Sicht stellt Wilhelm Abels Untersuchung trotz vieler mittlerweile kritisch zu betrachtender Passagen nach wie vor das Standardwerk zur deutschen Wüstungsforschung dar, formulierte er doch recht früh eine Zusammenfassung der Materie sowie diverser Ursachenbündel für die mittelalterlichen Wüstungsprozesse.

Das Werk sticht auch deshalb aus den zahlreichen bis heute erschienenen Beiträgen hervor, weil es – wie bereits in den Vorbemerkungen erwähnt – weiterhin die einzige monografische Vorlage zu jenem Phänomen ist, an deren Neukonzeption sich auch über vierzig Jahre nach Erscheinen der letzten Auflage niemand wagte.

Nur kurze Zeit später versuchte sich Hans Mortensen im Jahr 1944 an der Erweiterung des Scharlau'schen Wüstungsschemas. Er wollte die Qualität von Flurwüstungsprozessen durch die Attribute „absolut“ und „relativ“ im Sinne einer Nutzungsänderung, Extensivierung oder Umstrukturierung während des Degenerationsprozesses respektive einer „Intensitätsminderung“ miteinbeziehen.[79] Aufgrund problematischer Abgrenzungen und/oder quellenbasierter Nachvollziehbarkeit dieser Charakteristika setzte sich das aber letztlich nicht durch.

Nach den Wirren des Zweiten Weltkriegs begann eine neue und letztlich die fruchtbarste Phase der historisch-geografischen Wüstungsforschung. Während dieser Periode etablierte sie sich vollends als unabhängiger Zweig der Siedlungs- und Kulturlandschaftsforschung (z.B. mittels der nun verstärkten Einbeziehung von Flurwüstungen und -relikten) und perfektionierte außerdem ihr theoretisches Grundgerüst.

Die 1950er bis beginnenden 1970er Jahre stellen zweifellos den Höhepunkt dieser Entwicklung dar. In deren Verlauf fan-

79 Vgl.: Mortensen 1944, S. 196ff.

den zahlreiche neue (und alte) Gedanken, Theorien und Modelle ihren Weg in diverse Publikationsorgane. Die für das Thema wohl wichtigsten zeitgenössischen Universitätsstandorte Westdeutschlands[80] mit ihren siedlungsgeografischen Schulen wie Göttingen (Hans Mortensen, Wilhelm Abel), Marburg (Kurt Scharlau, Martin Born), Frankfurt (Anneliese Krenzlin) oder Würzburg (Helmut Jäger) besaßen zwar unterschiedliche methodische Herangehensweisen und regionale Schwerpunkte. Sie befassten sich aber durchweg mit den (spät)mittelalterlichen Entsiedlungsvorgängen sowie deren Ursachen und Folgen, letztlich also mit der Erforschung mittelalterlicher Kulturlandschaftsgestaltung und -veränderung.

Die Leistung der Historischen Geografie[81] lag und liegt bei der hier interessierenden Thematik letztlich in der Beantwortung von Fragestellungen im Rahmen siedlungsgenetischer Untersuchungen und kulturlandschaftlicher Prozessforschung.[82] Und das mittels eines fein definierten Wüstungsschemas bei einer räumlich und zeitlich komplexen Betrachtungsweise dieser Objekte im Kontext der Kulturlandschaftsgenese. Nicht ausschließlich, aber besonders Kurt Scharlau, Hans Mortensen, Helmut Jäger und Martin Born verfolgten dabei stets einen kulturlandschaftlichen Ansatz innerhalb der geografischen Wüstungsforschung.

Aus Platzgründen finden hier freilich nur einige Schlaglichter und Protagonisten Erwähnung. Zu letzteren gehörte sicherlich Heinz Pohlendt, der 1950 eine bedeutende Studie zur

---

80 Natürlich wurde auch in der Deutschen Demokratischen Republik mittelalterliche Wüstungsforschung betrieben, wenn auch in etwas regionalerem Ausmaß und mit weniger nachhaltigem Einfluss auf die gesamtdeutsche Forschungsgeschichte. Grundlegend dazu: Mangelsdorf 1982. – Mangelsdorf 1986. Knapp: Blaschke 1988, S. 168. Für Sachsen etwa: Blaschke 1962. Interessant zur Stellung der Historischen Geografie in der DDR: Linke u. a. 1988. Unterschiede in den Forschungsfragen darstellend: Quirin 1975, S. 21 ff.

81 Einführend zum Fach bündig: Schenk 2011.

82 Dazu beispielsweise: Nitz 1988, S. 101. – Denecke 1989. – Denecke 1994a. – Denecke 2005b.

regional unterschiedlichen Wüstungsintensität in Deutschland veröffentlichte.[83] Dabei bediente er sich eines sehr wichtigen, in der Folgezeit aber vielleicht etwas überschätzten, da vermeintlich idealen Werkzeugs, um die Häufigkeit bzw. die Ausmaße eines Wüstungsvorgangs von Siedlungen in einem größeren Raum abzubilden: dem sogenannten Wüstungsquotienten (W_Q).[84] Dazu später mehr.

Nicht nur die Quantitäten- und Ursachenforschung trieb man in den Nachkriegsjahrzehnten stark voran, auch das Scharlau'sche Wüstungsschema (Abb. 2) erfuhr einige Optimierungen. Von denen waren jedoch nicht alle praktikabel oder – wie der bereits erwähnte Vorschlag Hans Mortensens bezüglich der Attribute „absolut" und „relativ" – von längerer Dauer.

Insbesondere die Fluren als wichtige flächenhafte Elemente der (Kultur-)Landschaft standen lange Zeit im Fokus der Geografen.[85] So beispielsweise auch die Erkenntnis einer Trennung zwischen a) „Wüstungsflur" als aufgelassene oder weiterhin bzw. wieder genutzte Flur einer Ortswüstung im Gegensatz zur b) „Flurwüstung" als aufgegebene, degenerierte oder extensivierte Wirtschaftsfläche eines vergangenen oder aber auch weiterhin existierenden Dorfes.[86]

Selbst die qualitative Begriffsebene der Flurwüstungen/ Flurextensivierungen bzw. ihre Entstehung im Zusammen-

---

83 Vgl.: Pohlendt 1950a.

84 Später optimiert von: Born 1972. Dieser wurde methodisch schon 1968 kritisiert von: Janssen 1968a, S. 36; S. 44. Detailliert dazu siehe Kapitel 3.

85 Wegweisend für diese Entwicklung sicherlich: Mortensen/Scharlau 1949. Einen knappen Überblick zur mehrheitlich geografischen Flurforschung in Deutschland liefert etwa: Schreg 2016b.

86 Kurz definiert beispielsweise bei: Jäger 1953a, S. 12. Später dann: Jäger 1964, S. 130 f. – Wendling 1965, S. 283 ff. In der Folge nochmals aufgegriffen von: Born 1972, S. 210. Der Begriff „Flurwüstung" vielleicht versehentlich falsch definiert mit der Beschreibung, „wenn nur die Siedlungen aufgegeben wurde[n], aber nicht die Flurstücke" bei: Schneider 2018, S. 56.

hang mit positivem sozialem Wandel und nicht mit demografischen, besitzrechtlichen oder wirtschaftlichen Verschiebungen bzw. Verlusten wollte man zeitweilig mit dem Terminus „Sozialbrache“ differenzieren. Dies hatte eine lange Fachdiskussion zur Folge, deren Wiedergabe hier allerdings zu weit führt.[87]

Klar war jedenfalls allen Beteiligten, dass die Wüstungsforschung spätestens durch Einbeziehung der Fluren „zu einem besonders wichtigen Mittel zur Aufhellung der Siedlungs- und Kulturlandschaftsgenese geworden“[88] war.

Ebenso wichtig und vielleicht etwas zielführender gestaltete sich die Weiterentwicklung des existierenden Wüstungsschemas von Kurt Scharlau (Abb. 2) in zeitlicher Hinsicht. Denn eine Differenzierung der unterschiedlich langen Dauer des Wüstliegens wurde von den meisten Bearbeitern zwar stets erkannt, aber unterschiedlich gehandhabt.

Zum einen wollte Hans Mortensen im Jahr 1964 für Fluren wie Ortschaften gleichermaßen den schon in Kapitel 1 genannten Begriff der „Interimswüstungen“ einführen. Im Gegensatz zu den nach zeitweiligem respektive „temporärem“ Wüstfallen völlig neu strukturierten Flächen würden Interimswüstungen stattdessen nach einer kürzeren „rechtsunsicheren“ Zeitspanne mit weitgehender Wiederherstellung der ursprünglichen Grundstruktur wiedergenutzt.[89]

Dass derartige Interimswüstungen ohne detaillierte und zeitlich engmaschige Schriftquellen über den kontinuierlichen Status der jeweiligen Besitzungen allerdings schwer oder gar

87 Zur Debatte dieses eher für die Neuzeit relevanten Phänomens unter anderem: Scharlau 1958. – Wendling 1965. – Born 1968. – Born 1979, S. 46 ff. – Born 1980a. Als Versuch einer praktischen Anwendung an Weinbergen beispielsweise: Wendling 1966.

88 Niemeier 1977, S. 79.

89 Vgl.: Mortensen 1964, S. 226ff. Siehe dazu auch Anmerkung 25. Der Begriff wurde dann 1972 von Martin Born mit leichten Veränderungen wiederverwendet: Born 1972, S. 211f.

nicht historisch zu fassen sind, ganz zu schweigen von ihrem fast unmöglichen archäologischen Nachweis, wusste der Autor aber schon damals.[90]

Obwohl Hans Mortensen, ebenso wie auch andere Wissenschaftler – darunter insbesondere Gertrud Mackenthun und Helmut Jäger – den Begriff „temporäre Wüstung" bereits deutlich früher gebrauchten oder explizit vorschlugen,[91] schreiben es einige Personen Wilhelm Abel zu, den Terminus Mitte der 1960er Jahre im Sinne von „Wüstungen auf Zeit" endgültig und zweifellos korrekterweise in das Scharlau'sche Wüstungsschema integriert zu haben.[92]

Der Grund hierfür ist nicht ganz ersichtlich, vielleicht spielten Renommee des Autors oder die erste „grafische" Um-

---

90 Vgl.: Mortensen 1964, S. 232.

91 So bemerkte Helmut Jäger 1954 unmissverständlich (Jäger 1954, S. 306): „Es empfiehlt sich, zur vollständigen Erfassung des Ausmaßes des Wüstungsvorganges, das Wüstungsschema von Scharlau, zu dem Mortensen Ergänzungen gebracht hat (1944), durch den Begriff der temporären Wüstung (temporäre Orts- und temporäre Flurwüstung) zu erweitern." In seiner 1958 erschienenen Studie zu den Entwicklungsperioden agrarer Siedlungsgebiete im mittleren Westdeutschland (Jäger 1958) arbeitete er schon mit dieser Einteilung, gibt 1987 aber ebenfalls Wilhelm Abel die Ehre einer ersten grafischen Darstellung des überarbeiteten Wüstungsschemas (Jäger 1987, S. 188). Zu seinem eigenen Definitionsverständnis auch: Jäger 1967b, Anm. 8. In dieser Hinsicht beispielsweise gewürdigt von: Stephan 1978, S. 97. Ausführlich zur zeitgenössischen Begriffsdiskussion: Scharlau 1957, S. 68ff. Letzterer konnte sich mit einer Integration des Wortes in sein Wüstungsschema aber offensichtlich nicht recht anfreunden. Martin Born (Born 1972, S. 211) nennt vermutlich zu Recht explizit Gertrud Mackenthun als Urheberin dieses Begriffes, welchen sie nämlich bereits 1950 benutzte (Mackenthun 1950, S. 10f.).

92 Beispielsweise: Rückert 1994, S. 168. – Sondermann-Fastrich 1993, S. 11. Wilhelm Abel selbst äußerste sich folgendermaßen: „Mein erster Wunsch wäre nun dieser, daß dieses Schema ergänzt werden möge. Es sollen auch die temporären Wüstungen mit aufgenommen werden" (Abel, 1967, S. 1). Udo Recker erwähnt in diesem Zusammenhang wiederum Martin Born: Recker 2006, S. 168. Anngret Simms war hier diplomatischer und nennt sowohl Wilhelm Abel als auch Helmut Jäger als Urheber (Simms 1976, S. 227), Martin Born wiederum die Protagonisten Mortensen und/oder Abel samt Jäger (Born 1972, S. 209. – Born 1979, S. 43).

setzung des ergänzten Schemas[93] – ein Bild sagt bekanntermaßen mehr als 1 000 Worte – hier eine größere Rolle (Abb. 3). So oder so, der Ausdruck „temporär“ hatte sich spätestens jetzt fest im Wüstungsschema etabliert.

Dieses wollte Diethelm Düsterloh wiederum noch durch die nicht unumstrittene, aber für damalige Verhältnisse – wir schreiben das Ende der 1960er Jahre – recht moderne Einbeziehung von Industrie-, Wirtschafts- und Gewerbestättenwüstungen sowohl inhaltlich als auch chronologisch bis in jüngste Zeit erweitern.[94] Schlussendlich war die selbige dafür aber noch nicht reif.

Einen letzten großen Entwicklungsschub erhielt die geografische Wüstungsforschung das zentrale Schema betreffend im Jahr 1972 durch einen Beitrag von Martin Born, weil es unter anderem „nach seiner Meinung nicht nur für das Spätmittelalter gelten soll, sondern für alle Zeiten“[95].

Neben einer sinnvollen Optimierung der Wüstungsquotienten-Formel[96] wollte er dieses nun unter Verwendung älterer, von anderen bereits definierter Begriffe noch einmal grundlegend zusammenfassen und Unklarheiten beseitigen, was schließlich in einem neuen Schaubild des besagten Modells mündete (Abb. 4)[97].

---

93 Offenbar erstmals als Schaubild des erweiterten Scharlau‘schen Schemas publiziert bei: Abel 1966, S. 82; Abb. 16. Dann kurze Zeit später erneut in: Abel 1967a, S. 2.

94 Vgl.: Düsterloh 1967, S. 34ff. – Düsterloh 1972, S. 483ff.

95 Fehn 1975a, S. 137. Dort auch eine kurze Zusammenfassung der Thesen Martin Borns.

96 Siehe dazu Kapitel 3.

97 Vgl. dazu und dem folgenden Abschnitt: Born 1972. Hier erneut mit einer anschaulichen Zusammenfassung des (geografischen) Forschungsstandes bis 1972. Er betonte ausdrücklich, dass „kein Anlass [besteht], an der Eignung des Wüstungsschemas K. Scharlaus zu zweifeln“, wollte einzig „Wüstungsschema und Wüstungsquotient auf seine Brauchbarkeit [...] überprüfen“ und „nach der Art und den Möglichkeiten einer Ergänzung [...] fragen“ (Born 1972, S. 209).

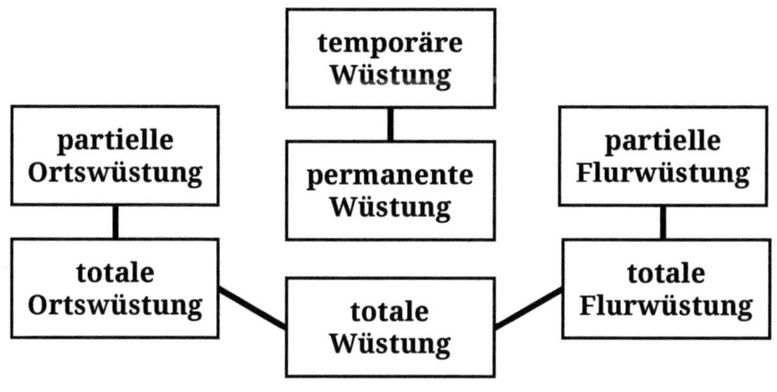

Abb. 3 *Das räumlich-zeitliche Wüstungsschema als Fortsetzung des Scharlau´schen Modells von 1933 nach Wilhelm Abel aus dem Jahr 1966 (Abel 1966, S. 82; Abb. 16).*

Dabei fügte Martin Born einerseits eine „Siedlungsformenentwicklung“ (Konstanz/Erneuerung, partielle oder umfassende Veränderung, Schwund, Zerfall) hinzu, andererseits legte er neben den obligatorischen Orts- bzw. Wohnplatzwüstungen großen Wert auf die 1953 von Helmut Jäger formulierte Differenzierung von „Wüstungsfluren“ und „Flurwüstungen“[98].

Er trennte ferner weiterhin zwischen dauerhaften und befristeten Wüstungen, wobei er letztere in Anlehnung an Hans Mortensen[99] ebenfalls in „temporär“ und „interimistisch“ differenzierte. Dessen Vorschlag einer „absoluten und „relativen“ Aufsplittung[100] übernahm er allerdings nicht, integrierte aber das qualitative Ausmaß des Wüstungsvorgangs letztlich in seine eingangs genannte „Siedlungsformenentwicklung“. Schließ-

98 Vgl.: Jäger 1953a, S. 12.

99 Vgl.: Mortensen 1964, S. 226ff.

100 Vgl.: Mortensen 1944, S. 196ff.

Abb. 4 *Das räumlich-zeitlich-qualitative Wüstungsschema nach Martin Born aus dem Jahr 1972 (Born 1972, S. 216; Schema 2).*

lich verzichtete Martin Born auf Diethelm Düsterlohs Empfehlung einer Einbeziehung der Industrie- bzw. Gewerbestättenwüstungen[101].

Drei Jahre später – es war 1975 – versuchte sich Klaus Fehn wiederum an einer Modifizierung des Born'schen Wüstungsschemas, indem er a) „die Abgrenzung der Wüstungen von den Extensivierungserscheinungen nach den Kriterien der Nutzungsaufgabe und dem beginnenden Siedlungsformenzerfall" stärker betonen wollte, b) „die Verwendung der Zusätze ‚absolut' und ‚relativ' für den Grad des Siedlungsformenzerfalls" wieder in Betracht zog, c) ferner „die Einführung des Begriffspaares ‚fossil' und ‚rezent' für die genauere Kennzeichnung der dauerhaften Wüstungen" bzw. für die Terminierung des Wüstungszeitpunktes vorschlug[102] und d) abermals „die Einbeziehung der Arbeitsstättenwüstungen in das an der gesamten Kulturlandschaft orientierte Wüstungsschema" forderte (Abb. 5).[103]

101 Vgl.: Düsterloh 1967, S. 34ff. – Düsterloh 1972, S. 483ff.

102 Ich lasse es ihn am besten selbst erklären (Fehn 1975a, S. 139): Es „wäre zu überlegen, ob nicht durch den Zusatz ‚rezent' oder ‚fossil' angedeutet werden könnte, ob eine dauerhafte Wüstung zu einem bestimmten Zeitpunkt, der in der Gegenwart, aber auch in der Vergangenheit liegen kann, noch ganz ohne Nutzung wüst gelegen hat wie z.B. Ruinenstädte [...] bzw. nur in einer nichtformenbildenden Weise genutzt wurde (Waldweide etc.) oder ob sie bereits ohne Anknüpfung an die älteren Verhältnisse der gleichen oder einer anderen formenbildenden Nutzung (Neuparzellierung!) zugeführt worden ist."

103 Fehn 1975a, S. 137ff. Kurze Zeit später schon kritisch diskutiert bei: Born 1979, S. 43ff.

<table>
<tr><th></th><th>Wohnplatz</th><th colspan="2">Flur</th><th>Siedlungsform-entwicklung</th></tr>
<tr><td rowspan="3">befristet</td><td>Interimsortswüstung</td><td>Interimsflurwüstung</td><td>Interimswüstungsflur</td><td>Konstanz oder Erneuerung</td></tr>
<tr><td>temporäre partielle Ortswüstung</td><td>temporäre partielle Flurwüstung</td><td rowspan="2">temporäre Wüstungsflur</td><td>partielle Veränderung</td></tr>
<tr><td>temporäre totale Ortswüstung</td><td>temporäre totale Flurwüstung</td><td>umfassende Veränderung</td></tr>
<tr><td rowspan="3">dauerhaft</td><td>partielle Ortswüstung</td><td>partielle Flurwüstung</td><td>angegliederte partielle Wüstungsflur</td><td>Schwund</td></tr>
<tr><td>totale Ortswüstung</td><td>totale Flurwüstung</td><td>angegliederte Wüstungsflur</td><td>Zerfall</td></tr>
<tr><td colspan="2">totale Wüstung</td><td>integrierte Wüstungsflur</td><td></td></tr>
</table>

Abb. 5 *Das räumlich-zeitlich-qualitativ-funktionale Wüstungsschema nach Klaus Fehn aus dem Jahr 1975 (Fehn 1975a, S. 141; Tab. 2).*

In Anlehnung an dieses von ihm sehr geschätzte Fehn'sche Modell entwarf Frank Norbert Nagel im Jahr 1981 dann schließlich ein eigenes „erweitertes Wüstungsschema" für die gesamte Kulturlandschaft mit primärer Trennung zwischen bebauten und unbebauten Flächen sowie unter Einbeziehung von Verkehrswegen und Arbeitsstätten (Abb. 6).

Dort wollte er neben den Begriffspaaren „fossil/rezent", „befristet (temporär und interimistisch)/dauerhaft", „partiell/total" und „relativ/absolut" nun auch noch die Termini „erhalten/gewandelt" im Sinne eines möglichen Funktionswandels integrieren[104].

Obwohl es „als methodischer Stichwortkatalog im Sinne eines übergeordneten Untersuchungs- und Kartierschlüssels"[105] durchaus sinnvoll oder zumindest als vernünftige Konsequenz der vorangegangenen jahrzehntelangen Diskussion um den historisch-geografischen Wüstungsbegriff erscheint, stand bzw. steht sein Entwurf bei der Rezeption der Forschungsgeschichte ebenso wie in der praktischen Anwendung meistens eher im Hintergrund[106]. Trotzdem bildet Frank Norbert Nagels Konzept aber sowohl den Höhepunkt als auch den (vorläufigen) Abschluss der Wüstungsschemata-Entwicklung.

Die akademischen Diskussionen um Wüstungen innerhalb der geografischen Forschung gestalteten sich immer theoretischer und diffiziler, wirkten ab den 1970er Jahren vereinzelt geradezu wettbewerbsartig und skurril. Selbst „Trugwüstun-

---

104 Erstmals vorgestellt in: Nagel 1981, S. 68ff.; Tab. 4. Nochmals publiziert bei: Nagel 1986, S. 146f.; Abb. 1.

105 Nagel 1981, S. 71.

106 Entsprechend gewürdigt aber von: Fehn 1983, S. 10f. – Pries 2001, S. 24. – Recker 2006, S. 168.

	Ort (Wohnstätte)		Flur		Arbeitsstätte	
befristet	**Interimsortswüstung**		**Interimsflurwüstung**		**Interimsarbeitsstättenwüstung**	
	partiell	relativ	partiell	relativ	partiell	relativ
	total	absolut	total	absolut	total	absolut
	temporäre Ortswüstung		**temporäre Flurwüstung**		**temporäre Arbeitsstättenwüstung**	
	partiell	relativ	partiell	relativ	partiell	relativ
	total	absolut	total	absolut	total	absolut
dauerhaft	**fossile Ortswüstung**		**fossile Flurwüstung**		**fossile Arbeitsstättenwüstung**	
	partiell	relativ	partiell	relativ	partiell	relativ
	total	absolut	total	absolut	total	absolut
	rezente Ortswüstung		**rezente Flurwüstung**		**rezente Arbeitsstättenwüstung**	
	partiell	relativ	partiell	relativ	partiell	relativ
	total	absolut	total	absolut	total	absolut

		Gebäude und Gebäudekomplexe (bebaute Flächen)			
		I (a) Wohnstättenwüstung, Ortswüstung	II (a) Arbeitsstättengebäudewüstung	III (a) Verkehrswegegebäudewüstung	Sonstige Gebäudewüstung (z.B. Kultstätte, Befestigung)
Wüstungs-Zeitpunkt	fossil				
	rezent				
Wüstungs-Dauer	befristet: Interimswüstung				
	befristet: temporär				
	dauerhaft				
Wüstungs-Umfang	partiell				
	total				
Wüstungs-Formenzerfall	relativ				
	absolut				
Wüstungs-Funktionswandel	erhalten				
	wiederaufgelebt				
	gewandelt zu				
	funktionslos				

I (a/b) = Siedlungswüstung (Ort/Flur)
II (a/b) = Arbeitsstättenwüstung (Gebäude/Gelände)
III (a/b) = Verkehrswüstung (Gebäude/Gelände)

übrige Kulturlandschaft (unbebaute Flächen)			
I (b) Flurwüstung	II (b) Arbeitsstätten-geländewüstung	III (b) Verkehrsweg-geländewüstung (z. B. Trassenführung)	Sonstige Geländewüstung (z. B. Forsten)

Abb. 6 Das räumlich-zeitlich-qualitativ-funktionale Wüstungsschema nach Frank Norbert Nagel aus dem Jahr 1981 (Nagel 1981, S. 69; Tab. 4).

gen“, „das sind Siedlungen, die wohl einmal geplant waren, aber nie zur Ausführung kamen“[107], wurden zeitweilig ernsthaft erörtert …

Besonders in den stets komplexer werdenden Einteilungen für die – letztlich in der Praxis niemals größere Klarheit schaffenden – Intensitäts- und Qualitätsstufen von Wüstungs- und Extensivierungsprozessen zeigte sich eindrucksvoll, dass „der geographische Beitrag zur Wüstungsforschung [...] im Laufe der 70er Jahre in eine sichtbare Krise geraten“[108] war.

Ein regelrecht abschließender, grundlegender und posthum erschienener Beitrag Martin Borns aus dem Jahr 1979[109] wurde in einem gleichfalls richtungsweisenden Aufsatz von Dietrich Denecke zu Recht als „letzter Versuch“ betrachtet, „mit dem Ansatz der geographisch-kulturlandschaftlichen Wüstungsforschung der 50er und 60er Jahre weiterzukommen, bei dem das Objekt Wüstung, die Periodisierung großräumiger Wüstungsvorgänge, eine Quantifizierung des Wüstungsausmaßes sowie letztlich die Darstellung einer Siedlungs- und Kulturlandschaftsentwicklung Ausgang und Ziel der Forschung waren“[110].

Die Mängel und Definitionsprobleme eines immer feineren Wüstungsschemas zur eindeutigen Begriffsbildung, Bestimmung und Klassifizierung des Forschungsgegenstandes wurden seitens der Geografen zwar schon sehr früh erkannt, konnten aber nie befriedigend behoben werden. Dies lag sicherlich nicht zuletzt am immer wieder forcierten Versuch, Regressions- bzw. Wüstungserscheinungen, -qualitäten, -quantitäten und -ursachen überregional zu pauschalisieren und in ein starres System zu zwängen, welches den Praxistest – allein wegen der bruchstückhaften Überlieferungssituation der

107 Walter 1954, S. 117.

108 Denecke 1985, S. 27. – Denecke 2005a, S. 76.

109 Born 1979.

110 Denecke 1985, S. 27. – Denecke 2005a, S. 76.

Quellen und dem vielfältigen Phänomen der Wüstungen – nur schwerlich bestehen konnte.[111]

Eine zumindest gefühlte Abwendung des Faches von den praktischen Geländearbeiten hin zu der übertheoretisierten akademischen Auseinandersetzung mit dem Forschungsfeld verstärkte diesen Prozess vielleicht noch, auch wenn die Beschäftigung mit dem Wüstungsschema sicherlich „keine intellektuelle Spielerei“[112] gewesen sei.

Archäologie

Insofern ist es als glücklicher Umstand oder wenigstens als konsequent zu werten, dass spätestens ab den endenden 1960er Jahren eine neue Disziplin am Diskurshorizont der Wüstungsforschung auftauchte. Als gleichsam letzter Vertreter in der Fächertrias nach Geschichtsforschung und Geografie entdeckte die (Siedlungs-)Archäologie des Mittelalters[113] nun dieses Betätigungsfeld für sich oder formulierte es zumindest jetzt auch methodisch.

Es ist der Charakteristik des Faches geschuldet, dass es sich der Thematik in erster Linie mittels Einzelobjektstudien bzw. lokalen Ausgrabungen nähert(e). Mit ihren Werkzeugen und Ansätzen schuf die Mittelalterarchäologie jedoch neue Herangehensweisen, Impulse und Aussagemöglichkeiten. Sie beförderte zusätzlich eine verstärkte Interdisziplinarität durch

111 Diese Erkenntnis, dass das Wüstungsschema „als ein Ordnungssystem des historisch-geographischen Forschungsansatzes einer Wüstungsforschung [...] den Anforderungen einer systematischen, vergleichenden und analytischen Erforschung von Regressionsprozessen nicht gerecht werden" kann, bemerkte bereits: Denecke 1985, S. 11. Diesen Gedanken zustimmend und ausdrücklich betont auch von: Recker 2006, S. 168.

112 Fehn 1983, S. 11.

113 Zur Einführung ins Fach siehe die Literatur in Anmerkung 77.

teils intensive Einbeziehung insbesondere der immer größere Erkenntnismöglichkeiten bietenden Naturwissenschaften.

Bis heute hat sich die Mittelalter- respektive Siedlungsarchäologie – zu dessen Vertretern auch ich mich zählen darf – als dominanter Forschungszweig innerhalb der wissenschaftlichen Beschäftigung mit Wüstungen behauptet. Und das trotz oder vielleicht gerade wegen des langen Fehlens eines dort allgemein anerkannten Wüstungsbegriffs in zeitlicher und räumlicher Perspektive.

Denn provokant formuliert galt Siedlungsarchäologie doch gleich Wüstungsarchäologie, weil man erwähntermaßen „aus archäologischer Sicht [...] jede abgegangene Siedlung – ohne Ansehen ihrer Zeitstellung und auch der Siedlungsart – als Wüstung bezeichnen“[114] muss bzw. könnte. Oder anders gesagt „nahezu alle archäologisch untersuchten Siedlungsplätze verlassen und wüst sind“[115].

Im Gegensatz zur Fokussierung der historisch-geografischen Disziplinen auf die hoch- und spätmittelalterlichen Wüstungsperioden wollte die Archäologie anfangs nämlich „sowohl alle früheren Wüstungen als auch die nachmittelalterlichen“ unter diesem Begriff zusammenfassen, weil nachweislich der bis dato durchgeführten Ausgrabungen in allen historischen Epochen Regressionsprozesse existierten.[116] So argumentierte der Archäologe Walter Janssen (1936–2001) – prinzipiell auch stimmig – anhand von knapp 60 einbezogenen Siedlungsgrabungen mit der Existenz unterschiedlicher Wüstungsperioden beispielsweise auch in der römischen Kaiserzeit oder im Frühmittelalter.[117] Denn nur, „daß in die-

114 Fehring 1973, S. 33.

115 Denecke 1994a, S. 10.

116 Janssen 1968a, S. 37: „Die Archäologie kann sich mit keiner zeitlichen Festlegung des Wüstungsbegriffes auf irgendeinen bestimmten Zeitabschnitt begnügen. Sie wird zunächst einmal den Befunden im Gelände nicht gerecht.“

117 Vgl.: Janssen 1968a, S. 38 ff. – Janssen 1968b, S. 313 ff.; S. 347 f.

ser Zeit keine Wüstungen überliefert werden, bedeutet aber noch nicht, daß es keine gegeben habe“[118].

Grundsätzlich war natürlich auch den Historikern und Geografen sehr zeitig klar gewesen, dass es „wie gesagt auch andere Wüstungsperioden [gibt], von der Steinzeit angefangen bis in die neueste Zeit hinein“[119]. Das schon allein deswegen, weil doch die Siedlungsregression neben den Vorgängen der Kolonisation einen der beiden grundlegenden siedlungsräumlichen Prozesse überhaupt bildet.[120] Mit deren Nachweis taten sie sich bei fehlenden Schriftquellen ohne die Möglichkeiten der Archäologie aber verständlicherweise recht schwer.

Allerdings diskutierte schon Dietrich Denecke vergleichsweise früh die Nachteile einer derartigen archäologischen Auslegung des Wüstungsbegriffs, weil damit ein „für die Erfassung zeitgleicher progressiver und regressiver Siedlungsvorgänge in einer Kulturlandschaft entscheidende[r] Bedeutungsinhalt [...] verloren“ ginge.[121]

Vermutlich auch aus diesem Grund setzte sich jene in zwei 1968 von Walter Janssen verfassten – für Fach und Thematik essenziellen – Beiträgen[122] formulierte Meinung seines Wüstungsverständnisses im Sinne jedweder aufgegebener Siedlung deutlich weniger durch als der von ihm favorisierte Terminus einer „archäologischen Wüstungsforschung“[123].

---

118 Janssen 1969, S. 79.

119 Mortensen 1944, S. 211.

120 Vgl.: Denecke 1985, S. 16. – Denecke 2005a, S. 65. Helmut Jäger formuliert es dahingehend (Jäger 1975, S. 14), dass „Regressionen und mit ihnen die Wüstungsvorgänge ebenso zur regionalen Dynamik gehören wie Landesausbau, -umbau, Expansion und andere raumwirksame Vorgänge“.

121 Denecke 1975, S. 19.

122 Janssen 1968a. – Janssen 1968b.

123 Vgl.: Recker 2006, S. 170. Zur Kritik des Begriffs: Denecke 1985, S. 10. – Denecke 2005a, S. 59. Rolf Bergmann greift den Ausdruck in einem der jüngsten Themenüberblicke aber erneut auf und definiert Ortswüstungen aus archäologischer Sicht als Siedlungen, „deren späteres Wüst-

Die Spatenwissenschaft belegte aber als erste Disziplin zweifellos eindrucksvoll die generelle Existenz diachroner Siedlungsregressionen. Zusätzlich zeigte sie die Problematik einer zu strengen Periodisierung von nichtsdestotrotz auch vor dem Mittelalter feststellbaren Wüstungshäufungen auf.[124]

Ferner konzentriert(e) sich die Mittelalterarchäologie bis heute überwiegend auf direkte Objektstudien. Bei denen legte sie ihr Hauptaugenmerk anfangs aber interessanterweise auf die Siedlungen des frühen und hohen Mittelalters, klammerte jüngere Wüstungen, selbst die der „klassischen" spätmittelalterlichen Regressionsperiode, also noch weitgehend aus. Dieses Phänomen setzt sich von wenigen Ausnahmen einmal abgesehen bis in unsere heutige Zeit fort. So stellte Rainer Schreg noch 2009 fest, dass „Grabungen in spätmittelalterlichen und erst recht in frühneuzeitlichen Wüstungen [...] gegenüber solchen auf älteren Siedlungsplätzen deutlich zurück[treten]"[125].

Trotz der stetig wachsenden, vielfach mangels Finanzierung aber selten wissenschaftlich ausgewerteten und publizierten (Wüstungs-)Ausgrabungen war es erneut Rainer Schreg, der mehrfach auf diesbezügliche Rückstände in der Mittelalter-

---

fallen vom historisch wirtschaftenden Menschen nicht vorhersehbar gewesen ist und die sich somit vom Grundsatz nicht von resistenten Siedlungen vergleichbarer Zeitstellung unterscheiden" (Bergmann 2007, S. 283). In der Umgangssprache des Faches hat sich der Begriff der „archäologischen Wüstungsforschung" ohnehin gehalten.

124 Ungeachtet der grundsätzlich anerkannten Meinung über die Existenz und die Entdeckung von vor- und frühgeschichtlichen Regressionsperioden, welche das wohl wichtigste Ergebnis der „archäologischen Wüstungsforschung" [!] in Mitteleuropa bildet (Gringmuth-Dallmer 2003, S. 384), kritisierte Günther Fehring bereits 1973 (Fehring 1973, S. 33f.) eine seiner Ansicht nach von Walter Janssen zu fein differenzierte Periodisierung selbiger (Janssen 1968b, S. 349ff.).

125 Schreg 2009b, S. 450. Eine lobenswerte (?) Ausnahme bildet nach dieser Ansicht erfreulicherweise: Michl 2017.

und Neuzeitarchäologie hinwies,[126] da „die Kenntnis ländlicher Siedlungen [...] noch sehr inkonsistent“[127] sei. Zahlreiche Rettungsgrabungen in entsprechenden Bodendenkmalen dürfen nicht darüber hinwegtäuschen, dass der veröffentlichte Forschungsstand zu spätmittelalterlichen und frühneuzeitlichen Dörfern nach wie vor lückenhaft ist.[128]

Auch ein Fazit Armand Baeriswyls zu einer die Archäologie der frühen Neuzeit behandelnden Tagung kam 2009 zu dem Schluss, dass „im Bereich der ländlichen Siedlungen [...] viel mehr regionale Studien notwendig [sind], die am Einzelfall Chronologie, Prozessabläufe und kulturelle Konsequenzen aufzeigen“[129]. Selbst für das „klassische“ Mittelalter wurde noch 2006 konstatiert, dass zumindest „in Bayern viel zu wenige ländliche Siedlungen untersucht [sind], um ein differenziertes Bild zeichnen zu können“[130] und auch Barbara Scholkmann war der Meinung, dass „im Verhältnis zur Bedeutung dieser zahlenmäßig umfangreichsten Siedlungsform [...] ihre archäologische Erforschung große Defizite auf[weist]“[131].

Die Fragestellungen der archäologischen Wüstungsforschung (!) fasste Günther Fehring in Anlehnung an die älteren Arbeiten bzw. Gedanken von Herbert Jankuhn[132] oder Paul

126 Vgl. beispielsweise in: Schreg 2006b, S. 142 ff. – Schreg 2009a, S. 132 ff.; S. 163. – Schreg 2009b, S. 449 ff.

127 Schreg 2016a, S. 159.

128 Bezüglich der Archäologie des mittelalterlichen Dorfes sind „auf Ebene der Quellenerschließung [...] gleich verschiedene Lücken anzumerken, nämlich eine systematische Landesaufnahme einzelner Siedlungskammern, eine Dorfkernarchäologie in den bestehenden Ortschaften, Grabungen in spätmittelalterlichen Wüstungen sowie stärkeres Engagement in der Erfassung von Kulturlandschaftsrelikten“ (Schreg 2006b, S. 157). Siehe zu dieser Thematik auch andere Arbeiten des Autors. Mittlerweile sind aber im Fach deutliche Tendenzen zur Erfüllung dieses Desiderats zu beobachten, beispielsweise in: Felgenhauer-Schmiedt u. a. 2009.

129 Baeriswyl 2009, S. 484.

130 Meier 2006, S. 269.

131 Scholkmann 2009, S. 51.

132 Vgl. beispielsweise: Jankuhn 1955. – Jankuhn 1965. – Jankuhn 1973, S. 11 f. Später außerdem in dieser Hinsicht noch erwähnenswert: Jankuhn 1975. – Jankuhn 1977. – Jankuhn 1979. Seine Beiträge von

Grimm[133] zu den Grundsätzen der Siedlungsarchäologie[134] im Jahr 1973 grob folgendermaßen zusammen: Mittels Befunden und stratifizierbarer Funde sollten Geschichte, Struktur und Entwicklung entsprechender Orte geklärt und mithilfe archäologischer Methoden Antworten zu Fragen nach ihrer Größe und Ausdehnung, Dynamik (Mehrphasigkeit/Siedlungsverlagerungen), Haus-, Hof- und Bauformen, Funktionsweisen von Einzelstrukturen, Wirtschafts- und Sozial(topografie)aspekten, (Verkehrs-)Infrastruktur, Begräbnisplätzen, Ernährung und Sachkultur, Umlandbeziehungen und Fluren sowie nicht zuletzt im günstigsten Fall auch den Wüstungsursachen gefunden werden.[135]

Letztere lassen sich freilich nur selten und dann meist allein bei plötzlichen Kalamitäten infolge von Kriegs-, Feuer- oder Naturkatastrophen – beispielsweise in Form von Brand-/Zerstörungsschichten, Überschwemmungshorizonten oder markanten Erosionsspuren – archäologisch nachweisen.

Auch die im Idealfall exakten bzw. objektiven Datierungen einzelner Siedlungsphasen und somit Periodisierungen anhand der Sachkultur und/oder naturwissenschaftlicher Untersuchungen sind ein Herausstellungsmerkmal der Archäologie. Deshalb ist diese nicht unbedingt auf Schriftquellen angewiesen und kann überdies sogar den Nachweis von Siedlungen erbringen, die überhaupt nicht in ersteren auftauchen.

Umso mehr freut den Archäologen dann natürlich die Feststellung von Walter Schlesinger, der bereits sehr früh eine (wichtige) Erkenntnis vonseiten der Geschichtsforschung for-

---

1955, 1965 und 1975 sind außerdem noch einmal publiziert in: Jankuhn 1976. Der Aufsatz von 1975 findet sich wiederum noch als: Jankuhn 1972.

133 Vgl.: Grimm 1966.

134 Zusammenfassungen aktuelleren Datums zur Entwicklung der (Siedlungs-)Archäologie des Mittelalters im Allgemeinen beispielsweise bei: Schreg 2006a, S. 59ff. – Scholkmann 2009, S. 15ff. – Scholkmann 2016. – Schreg 2016a.

135 Vgl.: Fehring 1973, S. 21ff.

mulierte: Denn „überblickt der mittelalterliche Historiker die Leistungen, die von der Archäologie zur Siedlungsgeschichte des Mittelalters vorgelegt worden und in Zukunft zu erwarten sind, so wird er sich zu der Einsicht bekennen müssen, daß er auf diese Ergebnisse unter keinen Umständen verzichten kann“[136].

Während also „der Historiker […] die Wüstungen als Objekte des sich in der Zeit verändernden politischen und gesellschaftlichen Wirkungsgefüges [untersucht]“ und „der Geograph [Anm. d. Verf.: diese] als Elemente des sich in der Zeit verändernden räumlichen Wirkungsgefüges“[137] erforscht – beide also normalerweise großräumigere (kulturlandschaftliche) Forschungsansätze verfolgen – beschäftigt sich der Archäologe in erster Linie mit den Objekten, ihrer „Mikrostruktur“ und ihrem „Inhalt“ selbst. Rolf Bergmann beschrieb es kurzerhand als die Klärung der „Lebensbedingungen des wirtschaftenden und siedelnden Menschen und seinen soziokulturellen Ausdrucksformen bzw. den menschlichen Daseinsgrundfunktionen vergangener Zeiten“[138].

Dass man hier jedoch wieder über die Begrifflichkeit einer entweder eher allgemeinen Siedlungsarchäologie in einer Wüstung oder dann doch einer „archäologischen Wüstungsforschung“ in einer abgegangenen Siedlung streiten kann, liegt auf der Hand.[139] Einige Fachleute gehen gar soweit zu behaupten, dass die Archäologie trotz ihrer Möglichkeiten „aber nur wenig zum eigentlichen Gegenstand der Wüstungsforschung

136 Schlesinger 1974, S. 14.

137 Jäger 1979, S. 193. Zur Wüstungsforschung als Raumstruktur und Prozessanalyse auch: Jäger 1987, S. 187 ff.

138 Bergmann 1994, S. 57.

139 Dietrich Denecke war beispielsweise der Meinung, dass „die Untersuchung verlassener Siedlungs- und Wirtschaftsplätze per se mit dem Ziel, aus den exemplarischen Befunden einen Abschnitt einer regionalen Siedlungsgeschichte zu erschließen,[…] keine Wüstungsforschung im eigentlichen Sinne, sondern archäologische, historische oder auch historisch-geographische Siedlungsforschung“ sei (Denecke 1985, S. 9 ff. – Denecke 2005a, S. 59).

beisteuern“[140] könne. Unbestritten lieferten das Fach und seine in diesem Fall Hilfsdisziplinen aus dem Bereich der Naturwissenschaften[141] jedoch neuen bzw. substanziellen Input und decken „heute zu einem wesentlichen Teil Forschungsfragen ab, die von der geografischen Wüstungsforschung in den 50er und 60er Jahren schon formuliert worden sind, die jedoch ohne den Schritt zu einer archäologischen Forschung nicht weiterführend zu lösen waren“[142].

Auf einen umfassenden Überblick zu den zahlreichen archäologischen Wüstungs- oder Siedlungsgrabungen im deutschsprachigen Raum wie auch einer entsprechend vollständigen Bibliografie zum Thema verzichte ich erwähntermaßen. Dies liegt zum einen daran, dass die Grenzen zwischen Siedlungs- und Wüstungsarchäologie je nach Definition und Fragestellung fließend sind, andererseits eine breite Darstellung allein der mittelalterlichen „Dorfarchäologie“ den Rahmen und die Zielsetzung dieses Arbeitsheftes sprengen würden.

Deutliche Schwerpunkte vergangener Forschungen lassen sich aber stets in den Mittelgebirgsräumen und hier vor allem in Westfalen, Südostniedersachsen, Nord- und Mittelhessen sowie Thüringen ausmachen. Einige – bestimmt nicht alle – wichtige „Stationen“ auf dem Weg der weit über die Untersuchung von ländlichen Dörfern hinausgehenden Siedlungsarchäologie waren neben den bereits erwähnten Untersuchungen in Landsberg/Hessen (Georg Landau) und Hohenrode/Sachsen-Anhalt (Paul Grimm) sicherlich die Ausgrabungen in Königshagen/Niedersachsen (Walter Janssen), Dalem/Niedersachsen (Wolf Haio Zimmermann), Gommerstedt/Thüringen (Wolfgang Timpel), Düna/Niedersachsen (Lothar Klappauf), Holzheim/Hessen (Norbert Wand), Aschheim/Bayern (Hermann Dannhei-

140 Gringmuth-Dallmer 2003, S. 384.

141 Man denke allein an die sich stetig weiterentwickelnden Prospektions-, Datierungs- und Analysemethoden der Archäometrie, die heute noch vor Jahrzehnten ungeahnte Möglichkeiten eröffnen.

142 Denecke 1985, S. 10. – Denecke 2005a, S. 59.

mer), Nienover/Niedersachsen (Hans-Georg Stephan[143]) oder Wülfingen/BadenWürttemberg (Günter P. Fehring).[144]

Dass die nicht minder zahlreichen historischen, geografischen und/oder archäologischen Studien samt individueller Forschungsgeschichte des (europäischen) Auslands in diesem Überblick fehlen, wurde in der Vorbemerkung bereits vermeldet.[145] Jüngere Großprojekte der „archäologischen Wüstungsforschung“ in Deutschland – ich bleibe bei diesem Begriff – waren aber beispielsweise das hessische, 2004 begonnene Vorhaben in Baumkirchen[146] oder die zwischen 2004 und 2007 fast vollständig ausgegrabene Wüstung Diepensee in Brandenburg[147].

Spitzfindig kann die Diskussion gar werden, wenn man die Dorfarchäologie im Rahmen beispielsweise des Braunkohletagebaus aufgreift. Dabei untersucht man de facto ja eine „Wüstung“, die aber erst im Zuge rezenter Entwicklungen zu einer solchen geworden ist ... oder nicht?

---

143 Von diesem auch eine erwähnenswerte, weil neben der Arbeit von Walter Janssen recht frühe Regionalstudie zur Wüstungsforschung im südlichen Weserbergland: Stephan 1978. – Stephan 1979.

144 Mehr oder weniger zusammenfassend zum jeweils aktuellen archäologischen Wüstungsforschungsstand im deutschsprachigen Raum beispielsweise: Mangelsdorf 1986, S. 17ff. – Gringmuth-Dallmer 2003, S. 384ff. – Recker 2006, S.169f. – Bergmann 2007, S. 283ff. Auch die Mehrzahl einzelner Lokalstudien, regionaler Wüstungsverzeichnisse oder kürzerer Beiträge zum Thema bleibt hier aus Platzgründen unberücksichtigt.

145 Zusammenfassende Momentaufnahmen oder exemplarische Beispiele der ausländischen Wüstungsforschung unter anderem bei: Abel 1976, S. 23ff. – Niemeier 1977, S.163ff. – Jäger 1979, S.219ff. – Jäger 1987, S. 120f.; S. 188ff. – Gringmuth-Dallmer 2003, S. 386. – Recker 2006, S. 170. – Bergmann 2007, S. 295ff. – Klápště 2011, S. 101ff. Für den angelsächsischen Raum im speziellen siehe Anmerkung 13.

146 Dazu unter anderem: Recker 2006, S. 175ff. – Recker u.a. 2006. – Recker 2012, S. 245ff.

147 Vgl. dazu knapp: Wittkopp 2014.

Geschichte – Geografie – Archäologie ... und nun?

Trotz des seit Ende der 1980er Jahre merkbaren Rückgangs der historisch-geografischen Wüstungsforschung und einer bis heute existierenden Dominanz der (Siedlungs-)Archäologie in diesem Themenfeld hat sich schon lange eine universelle Erkenntnis durchgesetzt. Nämlich dass inter- und multidisziplinäre Studien nicht nur beim hier interessierenden Sachverhalt immer noch die brauchbarsten Ergebnisse liefern. Kurzum, zusammen ist besser als allein.

Während größere „Ideal"-Projekte mittlerweile wegen ihres wachsenden Aufwands zahlenmäßig immer mehr abnehmen, steigt die Summe der an einer umfassenden Wüstungsforschung beteiligten Fächer weiter. Gerade die Archäometrie sowie die Klima- und Umweltforschung besitzen ein noch nicht ausgeschöpftes Potenzial zur Beantwortung diverser Fragestellungen.

Letztere wenden sich indes auch richtigerweise ab von der Diskussion um einen korrekten Wüstungsbegriff des allein aus Gründen einer dann schwindenden Vergleichbarkeit unterschiedlicher Studien kaum feiner sinnvoll zu gliedernden Scharlau-Abel-Born'schen Wüstungsschemas (Abb. 2–4). Der Blick richtet sich vielmehr auf weitaus wichtigere Anliegen die unterschiedlichen diachronen wie räumlichen Prozesse und Strukturen in der historischen Kulturlandschaft betreffend.

Quantitäten, Qualitäten und die hier noch gar nicht, sondern erst in Kapitel 4 umrissenen Kausalitäten von Wüstungen als wichtige Elemente der besagten Kulturlandschaft spielen allerdings weiterhin eine große Rolle in deren Untersuchung.

Wenngleich die so elementare, weil ganzheitliche und interdependente Kulturlandschaftsforschung von der Historischen Geografie zwar nicht für sich alleinig beansprucht werden sollte (und kann), ist diesem Fach eine zumindest „koordinierende" Führungsrolle – wohl aber unter gleichberechtigter Berücksichtigung aller anderen Disziplinen – durchaus zuzugestehen und nicht abzusprechen.[148]

Manch einer mag es als Stagnation ansehen, dass die Wüstungsforschung – abgesehen von immer wieder punktuell erscheinenden Regionalstudien – offenbar seit einigen Jahrzehnten keine merkbaren Fortschritte mehr macht. Dies liegt aber schlicht und einfach daran, dass sich die damit verbundenen Rätsel tatsächlich immer nur auf lokaler oder allerhöchstens regionaler Ebene lösen lassen. Und Pauschalisierungen sind bei diesem komplexen Phänomen ohnehin kaum möglich oder sinnvoll.

Vielleicht auch deshalb scheinen sich die historischen und geografischen Professuren, Lehrstühle und Institute in den letzten Jahren bezüglich der Wüstungsforschung etwas bedeckt zu halten. Möglicherweise handelt es sich dabei aber auch um einen subjektiven Eindruck meinerseits. Die (Siedlungs-)Archäologie des Mittelalters mit ihren zahlreichen, aber mehrheitlich Einzelfall- bzw. Einzelobjektstudien trägt jedenfalls weiterhin ihren kleinen, doch wichtigen Teil zur Erforschung der Wüstungen bei.

Trotzdem besteht hier ebenso Bedarf an einer fachlich-methodischen Weiterentwicklung oder zumindest Reflexion des Themas.[149] Natürlich muss man darauf achten – aber das schafft

---

148 Hier das im Vergleich zur Wüstungsforschung noch einmal deutlich kompliziertere und vielschichtigere Feld der Kulturlandschaftsforschung behandeln zu wollen, sprengt den Rahmen dieses Beitrags und lenkt zu weit vom eigentlichen Thema ab. Schon früh monografisch dazu: Jäger 1987. Außerdem lesenswert: Denecke 2005c. Der 1974 noch unter anderem Namen gegründete „Arbeitskreis für historische Kulturlandschaftsforschung in Mitteleuropa e. V." (ARKUM) mit seinen jährlichen Tagungen und Publikationen zu wechselnden Themen dieses Feldes darf allerdings keinesfalls unerwähnt bleiben. Einer der stets breit aufgestellten Tagungsbände beschäftigte sich auch explizit mit Wüstungen samt ihrer Perioden und Prozesse: Fehn u. a. 1994. Näheres zu ARKUM unter: <www.kulturlandschaft.org> [16.05.2021].

149 Zusammenfassend zu den Problemen, Paradigmen und Desideraten in der Archäologie des mittelalterlichen Dorfes: Schreg 2006b. Ebenfalls die Perspektiven betrachtend: Schier 2002. – Brather 2006.

die Mittelalterarchäologie bislang –, sich nicht wie die Geografie der 1970er Jahre in zu starkem Theoriedenken zu verwickeln und ihre Kernkompetenz – die Praxis – stets im Fokus zu behalten.

Die Kenntnis der akademischen Diskussion ist freilich auch hier Pflicht, da sich nach wie vor einige Arbeiten der Kollegen dennoch manchmal etwas unpassend mit dem Terminus „Wüstungsforschung" brüsten. Rainer Schreg behauptete sogar, dass „eine archäologische Wüstungsforschung in einem umfassenden Sinne [...] bisher kaum stattgefunden [hat]" und dass „wichtige Fragen [...] von archäologischer Seite daher bisher auch nicht aufgegriffen [wurden]"[150].

Klar ist jedenfalls, dass die Wüstungsforschung im Allgemeinen, wie Walter Ulrich Guyan schon 1946 (!) anmerkte, „auf Unterstützung der verschiedensten Fachgebiete angewiesen" ist, denn „Schlüsse, die nur aus einer Disziplin erarbeitet werden, stehen meistens fragwürdig da".[151] Diesem über siebzig Jahre alten, aber immer noch topaktuellen Statement ist nichts hinzuzufügen!

Zu den Kooperationsmöglichkeiten zwischen Historischer Geografie und Mittelalter-/Neuzeitarchäologie: Bergmann 2001, S. 328f. Dort auch bündig zum Stand der genetischen Siedlungsforschung um die Jahrtausendwende.

150 Schreg 2009a, S. 163.

151 Guyan 1946, S. 454.

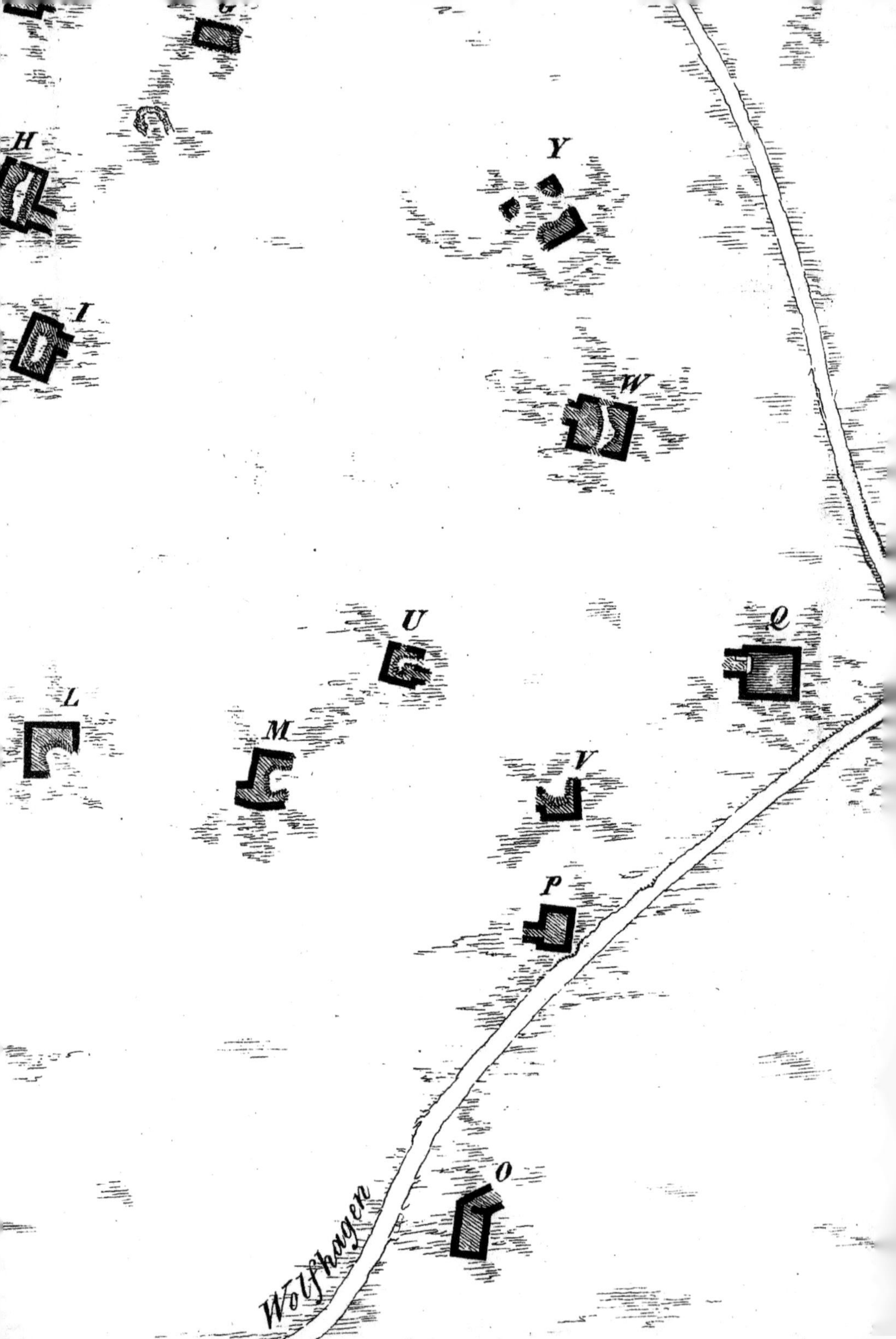

H
Y
I
W
U
Q
L
M
V
P
O
Wolfhagen

KAPITEL 3

Methoden, Quellen und Werkzeuge der Wüstungsforschung und -lokalisierung

Obwohl bereits durch die Lektüre der vorangegangenen Kapitel ersichtlich, muss ich eines immer wieder betonen: Und zwar, dass eine umfassende Wüstungsforschung und die damit verbundene Lokalisierung vergangener Orte grundsätzlich verschiedene und für einen erfolgreichen Ausgang gezwungenermaßen zu kombinierende Werkzeuge und Quellen inter- oder sogar multidisziplinärer Natur benötigt!

„Im Idealfall sollte sich ein Verzahnen von archäologischen, geographischen und historischen Methoden und Befunden ergeben."[152] Dies ist obligatorisch, unabhängig davon, ob für die Rekonstruktion historischer Siedlungsstrukturen entweder die a) sogenannte retrogressive Methode, also die Rückschreibung heutiger Verhältnisse auf ältere Zustände (allerdings unter der Prämisse eines sich tatsächlich laufend verändernden und nicht zwangsläufig kontinuierlichen Siedlungsbildes), oder die b) sogenannte progressive Methode, sprich die Nutzung zeitgenössischer Quellen als Ausgangspunkt der dann in die Gegenwart gerichteten Untersuchungen, angewandt wird.[153]

Weil gerade erstere – also die „retrogressive Methode" – als vornehmlich siedlungsgeografischer Forschungsansatz[154] „meist, bedingt durch die Quellenlage, über die frühe Neuzeit hinaus zeitlich nicht weiter zurück"[155] kommt, war auch Heiko Steuer der Meinung, dass „die retrogressive Analyse [...]

152 Helmut Jäger im Jahr 1975 nach: Fehn 1975b, S. 86.

153 Beide Methoden gegenüberstellend beispielsweise: Fehn 1983, S. 16f. – Jäger 1987, S. 14ff.

154 Vgl.: Denecke 1994a, S. 10.

155 Denecke 1975, S. 26.

von den frühesten sicher nachzuweisenden Zuständen zum Einsatz der Archäologie überleiten" sollte, denn „die Archäologie braucht diese Vorarbeiten"[156]. Auch Helmut Jäger betonte, dass die Siedlungsarchäologie „den retrogressiven Methoden der Siedlungsgeographie völlig eigenständig an die Seite tritt und neue zeitliche Dimensionen erschließt"[157].

Folgt man einem idealen Modell der Wüstungsforschung, so spiegelt sich ein solches letztlich auch in der forschungsgeschichtlichen Entwicklung wider: An den mittlerweile mehr oder weniger erfolgreich gemeisterten a) Entwurf einer vor allen Dingen vergleichbaren Terminologie respektive eines allgemeinen Wüstungsschemas[158] muss sich dann b) die Erstellung eines Siedlungs- und Wüstungsverzeichnisses/-kataloges einer bestimmten Region anhand vorab definierter Kriterien anschließen.

Hier liegt aber bekanntermaßen das nächste Problem eines derartigen Vorhabens, kann man dieses doch wegen der fächerübergreifenden Methoden und der unterschiedlich gut fassbaren Überlieferungszustände von Wüstungen nur in Teamarbeit und selbst dann nur mit ungemein hohem Aufwand sinnvoll betreiben. Dass dieser parallel zur Größe des Untersuchungsgebietes immer weiter wächst, erschwert die Zielsetzung maßgeblich.

Dementsprechend erkannte schon Dietrich Denecke, dass die ambitionierten und höchst lobenswerten Versuche Heinz Pohlendts (1950) und Wilhelm Abels (ab 1943) zur Erstellung eines nationalen (!) Wüstungsverzeichnisses[159] ein „dem Forschungsstand weit vorauseilender Lösungsversuch"[160] waren. Allein die Tatsache, dass sich bis heute niemand an die Neuauflage eines solchen Vorhabens und – ich erwähnte es –

156 Fehn 1975b, S. 83.

157 Ebd., S. 85.

158 Siehe Kapitel 2.

159 Vgl.: Pohlendt 1950a. – Pohlendt 1950b. – Abel 1976, S. 8ff.

160 Denecke 1985, S. 14. – Denecke 2005a, S 63.

genauso wenig an das Verfassen einer aktuellen Grundlagenmonografie zum Thema „Wüstungen“ wagte, zeigt dessen Hindernisse und Herausforderungen. Um es kurz mit den Worten Helmut Jägers zu sagen: „Leider lässt sich dieser Forderung wegen des Aufwandes und der Notwendigkeit der Beachtung vielseitiger Zusammenhänge nur durch Regionalforschung entsprechen“[161].

Erst als ein konsequenter Folgeschritt sollte nach den Stationen a) „Wüstungsschema“ und b) „Wüstungsverzeichnis“ dann c) die zeitlich fixierte oder diachrone Erforschung von Siedlungs- und Regressionsprozessen in eben jenem vorab analysierten Gebiet erfolgen. Dabei muss die diesbezüglich wichtigste Frage in derartigen Kulturlandschaftsrekonstruktionen letztlich immer – noch mal: immer – diejenige nach dem Verbleib der Bevölkerung sein.[162]

Ganz am Ende einer idealen Wüstungserforschung unter Berücksichtigung der Kulturlandschaft steht schließlich erst d) jene, zugegebenermaßen populäre und „von der Laienwelt immer wieder vordringlich gestellte Frage nach der bzw. den Ursachen, die zu den Wüstungserscheinungen geführt haben“[163].

Der Wüstungsquotient

Doch Moment, einen Schritt zurück: Die historisch-geografischen Disziplinen verfolgten die explizit spätmittelalterliche Wüstungsforschung stets auch mit dem Ziel der Quantifizie-

161 Jäger 1974, S. 33. Zum Stand Anfang der 1990er Jahre auch: Denecke 1994a, S. 13ff.

162 Vgl.: Scherzer 1983, S. 108. In diesem Zusammenhang höchst erwähnenswert, weil das „dialektische Wechselverhältnis“ von Landesausbau und Wüstungsgeschehen und nicht nur Regressionserscheinungen, sondern auch Siedlungsstrukturveränderungen betonend: Gringmuth-Dallmer 1992.

163 Scherzer 1983, S. 108. Siehe dazu ausführlich Kapitel 4.

rung und der Sichtbarmachung einer räumlichen Verteilung von zeitgenössischen Siedlungsregressionen.

Zu diesem Zweck bedien(t)en sie sich eines Werkzeugs, welches die „Beurteilung des prozentualen Wohnplatzverlustes als Folge einer Wüstungsperiode“[164] ermöglichen bzw. die Wüstungsanfälligkeit eines bestimmten Gebietes grob anzeigen sollte, nämlich dem sogenannten Wüstungsquotienten (W_Q)[165].

Dieser beschreibt den „Anteil der Wüstungen an der Gesamtzahl der nachgewiesenen, also der bestehenden und abgegangenen Orte“[166]. Dementsprechend ist er ein „Maßstab zur Messung des Wüstungsvorganges“[167], setzt für ein wirklich korrektes Ergebnis aber leider die lückenlose Kenntnis aller totalen Wüstungen im Untersuchungsgebiet voraus.

Der Wüstungsquotient berechnet sich nach folgender Formel, die als Basis der schon genannten Erhebungen von Heinz Pohlendt und Wilhelm Abel, aber auch für zahlreiche kleinere, hier nicht im Einzelnen aufgeführte Regionalstudien diente:

$$W_Q\,[\%] = \frac{\textit{Anzahl der totalen Ortswüstungen am Ende der Wüstungsperiode}}{\textit{Gesamtzahl der Orte vor Beginn der Wüstungsperiode}} \times 100$$

Während Heinz Pohlendt angeblich mit insgesamt 149 Wüstungsquotienten arbeitete,[168] erweiterte Wilhelm Abel diese

164 Scharlau 1957, S. 47.

165 Zusammenfassend dazu unter anderem: Staerk 1967. – Wenzel 1990, S. 254. – Bergmann 2007, S. 275 ff.

166 Abel 1955, S. 6.

167 Staerk 1967, S. 102.

168 Vgl.: Abel 1976, S. 10.

Zahl auf 214[169] und kam unter Berücksichtigung des Forschungsstandes der endenden 1950er Jahre zu einem recht eindrücklichen Ergebnis: Nämlich dass man bei von ihm geschätzten 170 000 um 1300 in den deutschen Grenzen von 1933 existierenden Siedlungen nach der spätmittelalterlichen, grob 40 000 (!) Orte in Mitleidenschaft ziehenden Wüstungsperiode deutschlandweit mit einem (regional freilich schwankenden) Wüstungsquotienten von etwa 23 %[170] bzw. einem Siedlungsbestand von nur noch knapp 130 000 Dörfern, ergo mit einer Verringerung um fast ein Viertel, rechnen müsse.[171] Bei all den Schwierig- und Unwägbarkeiten dieser Berechnung eine durchaus bemerkenswerte Summe und ein erstmals greifbares, wenn auch plakatives Bild des massiven Umfangs der spätmittelalterlichen Wüstungsperiode!

Im übrigen wird Wilhelm Abels Zahl von „40 000“ untergegangenen ländlichen oder nichtstädtischen Siedlungen im deutschsprachigen Raum während der spätmittelalterlichen Wüstungsphase seit über fünfzig Jahren immer wieder gerne weitergereicht[172] – von mir natürlich auch. Sie ist griffig, beeindruckend und geradezu episch. Ob sie stimmt? Das weiß keiner, denn überprüft hat sie niemand. Und da sich seitdem auch keiner an eine landesweite Neuberechnung traute, ist

---

169 Vgl.: Abel 1967b, S. 3.

170 Werner Rösener aktualisierte diese Zahl auf 26 %: Rösener 2010a, S. 68.

171 Vgl.: Abel 1967b, S. 4. Mit etwas veränderten Zahlen und der Nennung einer groben Berechnungsgrundlage auch bei: Abel 1976, S. 10 ff. Dort spricht Wilhelm Abel von einer Siedlungsverringerung „gegenüber der ersten Hälfte des 14. Jahrhunderts um etwa ein Fünftel“ (Ebd., S. 10).

172 So z. B. von: Born 1974b, S. 68. – Jäger 1979, S. 211. – Wiese/Zils 1987, S. 68. – Bergmann 2007, S. 275. Letzterer vermeidet die Zahl, nennt aber 23 % von 170 000. 1991 zitiert Werner Rösener die Abel‘schen Zahlen noch korrekt (Rösener 1991, S. 255), in einem englischsprachigen Aufsatz von ihm fällt der Redaktion oder Übersetzung allerdings jeweils eine Null zum Opfer: Rösener 1996, S. 63 f. Die dort zu niedrigen Zahlen „17 000“ und „13 000“ schreibt Andreas Weigl (Weigl 2012, S. 70) dann leider falsch ab, ohne die Primärquelle Wilhelm Abel zu prüfen.

es die einzige Zahl, die wir besitzen.[173] Aber sie erfüllt ihren Zweck, um schlichtweg das Ausmaß jenes in der Geschichte einzigartigen Vorgangs zu vermitteln.

Trotz der zahlreichen, bereits früh erkannten Defizite des Wüstungsquotienten[174], der alleinigen Einbeziehung von Totalwüstungen[175] in diese Berechnungen und des Nivellements von Unterschieden zwischen Kleinregionen bei großmaßstäblichen Betrachtungen[176] verdanken wir Heinz Pohlendt und Wilhelm Abel einige wichtige Erkenntnisse.

Zum einen sind deren zwei Datenerhebungen und Karten[177] – wenngleich im Fall der Abel'schen Darstellung mit gleichen Inhalten vereinzelt gerne umgezeichnet[178] – nach wie vor die einzigen nationalen Entwürfe einer vergleichenden Betrachtung des Wüstungsausmaßes in unterschiedlichen Territorien. Zum anderen zeigten ihre Berechnungen bzw. Zusammenstellungen erstmals instruktiv den deutlichen Zu-

---

173 Interessanter zu wissen für einen Vergleich wäre ferner die Zahl der heute existierenden Dörfer, allerdings gestaltete sich die Suche danach zumindest in einem ersten Anlauf gar nicht so einfach. Dem Statistischen Bundesamt zufolge existierten zum 31. Dezember 2019 zumindest 10799 Gemeinden auf bundesdeutschem Boden: <https://www.destatis.de/DE/Themen/Laender-Regionen/Regionales/Gemeindeverzeichnis/Administrativ/08-gemeinden-einwohner-groessen.html> [03.07.2021]. Die Summe aller gegebenenfalls darin enthaltenen Ortsteile (= Dörfer) oder Einzelgehöfte bleibt aber unerwähnt.

174 Siehe dazu weiter unten im Text.

175 Vgl.: Born 1972, S. 215. Bereits Heinz Pohlendt war sich zwar der Notwendigkeit einer Integration von partiellen Wüstungen in die Kalkulationen bewusst, konnte die damit verbundenen Probleme aber nicht befriedigend lösen: Pohlendt 1950a, S. 9f.

176 Vgl.: Sprandel 2009, S. 124.

177 Pohlendt 1950a, S. 12. – Pohlendt 1950b, Karte. – Abel 1967b, S. 4. – Abel 1976, S. 10. Die Abel'sche Karte erneut abgedruckt haben beispielsweise: Bergmann 2007, S. 276. – Schneider 2018, S. 59.

178 So etwa bei: Wiese/Zils 1987, S. 70f.; Karte 11. – Glaser u.a. 2007, S. 137; Abb. 4.38. Erstere nennen – trotz eindeutig erkennbarer Quelle – Wilhelm Abel aber gar nicht als Urheber, letztere verweisen wiederum nur auf erstere. Eine „neue" Version ist auch zu finden bei: Schenk 2011, S. 91. Aufgrund der bei Drucklegung des Arbeitsheftes unklaren Rechtsverhältnisse bezüglich der Abbildung wurde hier vorerst auf eine Wiedergabe der Karten verzichtet.

sammenhang zwischen Wüstungsfrequenz und naturräumlichen Siedlungsbedingungen.

Denn gerade die erst während der „positiven Siedlungsphase“ des hohen Mittelalters erschlossenen Mittelgebirgsräume in Zentraldeutschland waren es, welche überproportional stark unter dem Phänomen der spätmittelalterlichen Wüstungsbildung gelitten hatten.

So unter anderem das hessische und Weserbergland, das südliche Niedersachsen oder das südwestdeutsche Stufenland, wo die spätmittelalterlichen Wüstungsquotienten oft oberhalb der Marke von 40 % liegen.[179] Im mainfränkischen Gäuland errechnete Peter Rückert 1990 für die Zeit zwischen 1300 und 1500 wiederum einen Wüstungsquotienten von knapp 17,9 % und eine Siedlungsverringerung von 719 auf 610 Ortschaften.[180]

Selbst bei den mittelalterlichen Städten, von denen im deutschen Sprachraum vielleicht etwa 4000 existierten[181], geht man trotz einer geringeren Wüstungsanfälligkeit davon aus, dass „immerhin 10–20 % aller Städte, also mehrere hundert, ihren Stadtstatus verloren haben oder ganz verschwunden“[182] sind. Eine davon ist uns schon begegnet – die Wüstung Landsberg bei Wolfhagen (Abb. 1).

Zurück zum Wüstungsquotienten: 1972 machte Martin Born „einen Schritt in die richtige Richtung“[183] und versuchte sich an dessen Optimierung, um einerseits die Trennung zwischen permanenten und temporären Totalwüstungen kenntlich zu machen, andererseits, um den jeweils behandelten Zeitraum sichtbar in die Gleichung zu integrieren:[184]

179 Vgl.: Bergmann 2007, S. 275 f.

180 Vgl.: Rückert 1990, S. 131. Dazu auch: Rückert 1994, S. 172 ff.

181 Vgl.: Küntzel 2008, S. 110.

182 Ebd.

183 Jäger 1975, S. 10.

184 Vgl.: Born 1972, S. 216.

$$W_Q[\%]\,(\text{von–bis}) = \frac{\begin{array}{c}\textit{(Anzahl der permanenten totalen Ortswüstungen}\\ \textit{am Ende der Wüstungsperiode +}\\ \textit{Anzahl der temporären totalen Ortswüstungen}\\ \textit{am Ende der Wüstungsperiode)}\end{array}}{\begin{array}{c}\textit{Gesamtzahl der Orte}\\ \textit{vor Beginn der Wüstungsperiode}\end{array}} \times 100$$

Hartmut Wenzel schlug schließlich erneut vor, „durch die Aufnahme auch der partiellen Wüstungen das gesamte Ausmaß der Wüstungsvorgänge besser zu veranschaulichen“:[185]

$$W_Q[\%]\,(\text{von–bis}) = \frac{\begin{array}{c}\textit{(Anzahl der permanenten totalen Ortswüstungen}\\ \textit{am Ende der Wüstungsperiode +}\\ \textit{Anzahl der temporären totalen Ortswüstungen}\\ \textit{am Ende der Wüstungsperiode +}\\ \textit{Anzahl der partiellen Ortswüstungen}\\ \textit{am Ende der Wüstungsperiode)}\end{array}}{\begin{array}{c}\textit{Gesamtzahl der Orte}\\ \textit{vor Beginn der Wüstungsperiode}\end{array}} \times 100$$

All diese Bemühungen einer Quantifizierung des Wüstungsausmaßes und die regelhafte Verwendung des entsprechenden Quotienten dürfen jedoch nicht über die auch den Bearbeitern stets bekannten Mängel des selbigen hinwegtäuschen: So bezieht sich der Wüstungsquotient beispielsweise immer nur auf die Zahl der Siedlungen, aber nie auf ihre Größe[186] und hat des-

185 Vgl.: Wenzel 1990, S. 254.

186 Vgl.: Jäger 1994, S. 150f. – Rückert 1994, S. 168.

halb „hinsichtlich der Charakterisierung des Wüstungsausmaßes einer Landschaft nur eine sehr begrenzte Aussagekraft“[187].

Ebenso geht der Wüstungsquotient grundsätzlich von einer Konstanz der Wohnplätze aus und kann Siedlungsverlagerungen respektive -mutationen nicht abbilden. Diese würden dann fälschlicherweise als Regressionen gewertet, auch wenn de facto kein Bevölkerungsverlust vorliegt.[188]

Ferner finden Flurwüstungen überhaupt keine Berücksichtigung im Wüstungsquotienten,[189] ganz zu schweigen von der Problematik unterschiedlicher Wüstungsdefinitionen einzelner Bearbeiter, welche letztlich ebenso Auswirkungen auf das Endergebnis und vor allem die damit schwindende Vergleichbarkeit besitzen.

Schließlich liefert die normalerweise fragmentarische Quellenlage ohnehin bereits bedenkliche, weil unvollständige Basisdaten. Diese Lücken könnte man punktuell vielleicht durch eine Nutzung von umfänglich erhaltenen und zeitlich, regional wie politisch-herrschaftlich sehr eng abgegrenzten Quellensammlungen kompensieren. Das widerspricht dann aber wieder der Zielsetzung einer großräumigen Analyse.

Trotz all jener Defizite und obwohl dieser Wert „der Dynamik des Siedlungsgeschehens in keiner Weise gerecht zu werden vermag“[190], war und ist der Wüstungsquotient nach wie vor das einzige Mittel, um wenigstens grobe Aussagen zu treffen, „die anderweitig bislang nicht ermittelbar sind“[191]. Deshalb hat er „unter Hinnahme dieser methodischen Unzulänglichkeiten [...] in den meisten Arbeiten über die räumlichen Auswirkungen der spätmittelalterlichen Entsiedelungsprozesse Eingang gefunden“[192].

---

187 Wenzel 1990, S. 254.

188 Dazu insbesondere: Gringmuth-Dallmer 1992.

189 Vgl.: Staerk 1967, S. 103.

190 Janssen 1968a, S. 36.

191 Rückert 1994, S. 168.

192 Rösener 2010a, S. 63. Jüngst beispielsweise immer noch benutzt von: Sprandel 2009, S. 123 ff.

Wie erforsche ich eine Wüstung?

Nun aber zu den Einzelobjekten! Denn es sind die individuellen Orte, welche besonders in der archäologischen Wüstungs- oder Siedlungsforschung – genauso wie bei Regionalstudien engagierter Lokalforscher – normalerweise im Fokus stehen.

Ich möchte die unterschiedlichen Werkzeuge und Quellen zur Lokalisierung sowie mustergültigen Erforschung einer (normalerweise mittelalterlich-frühneuzeitlichen) Wüstung hier der Vollständigkeit halber einmal kurz aufzeigen. Und das trotz der gerade für Fachleute vielleicht anmutenden Banalität und obwohl (oder vielleicht auch gerade weil) einige Autoren zwar nicht jeweils alle, aber zumindest viele Aspekte dieses Abschnitts bereits übersichtlich zusammenfassten.[193]

Grundsätzlich lassen sich erst einmal zwei idealerweise aufeinanderfolgende Stadien einer Wüstungsuntersuchung unterscheiden. Dies gilt im Übrigen generell für die Beschäftigung mit historischen Kulturlandschaften und ihrer diversen Elemente, von denen Wüstungen ja nur einen kleinen Bestandteil bilden. Es spielt im Fall der Systematik also keine Rolle, ob man sich mit einem untergegangenen Dorf, historischen Bewässerungskanälen oder alten Bergbaurelikten auseinandersetzt.

Diese beiden Phasen teilen sich auf in a) die meist in gelehriger Konzentration stattfindenden Archiv-, Literatur- und dokumentenbasierten Vorarbeiten sowie b) die erst darauffolgenden Feld- und Geländearbeiten vor Ort.[194] Mit anderen Worten, „der Wüstungsforscher sollte also einerseits bewegungsfreudig sein und keinen Fußmarsch, kein Dickicht und keine Wetterunbill scheuen, er sollte andererseits aber auch am Schreibtisch und in Bibliotheken besondere Ausdauer beweisen“[195].

---

193 Besonders hervorzuheben sind hier: Henkel 1975, S. 99ff. – Jäger 1987, S.32ff. – Bergmann 1994, S. 35ff. Außerdem ebenfalls zu einigen Facetten der Erschließung: Janssen 1975, S. 29ff. – Bors 1985, S. 1ff. – Wenzel 1990, S. 257ff. – Sondermann-Fastrich 1993, S. 15f. – Bors 2007, S. 10ff.

194 Vgl.: Henkel 1975, S. 99ff.

195 Felgenhauer-Schmiedt 2007, S. 5.

Drin – Bücher, Quellen, Karten, Fotos

Letztere „theoretische" Arbeiten dienen primär der Informationsbeschaffung und Lagebestimmung die jeweilige Wüstung betreffend. Sie enthalten selbstverständlich sowohl das kritische Studium von allgemeiner und spezieller Sekundärliteratur zu Thema und Arbeitsgebiet als auch der Primärquellen zur Wüstung selbst, also beispielsweise Lehen- und Salbücher, Urkunden, Zins-, Besitz- und Schadensverzeichnisse, Rechnungen aller Art – insbesondere Kriegsrechnungen –, Visitationsberichte, Chroniken, Schriftwechsel oder Steuerlisten.

Viele solcher Dokumente sind dank der fortschreitenden Digitalisierung mittlerweile online abrufbar, gerade für lokale Vorgänge interessante Quellen schlummern jedoch oftmals noch unerschlossen in städtischen Archiven. Mit den Problemen und Herausforderungen von historischer Quellenarbeit – und das in unserem Fall auch noch beim Ideal einer umfassenden Erschließung der jeweiligen Siedlungsentwicklung – könnte man ein eigenes Buch füllen, immerhin lässt sich Geschichte ja auch als selbstständiges Fach studieren. Archivzugänglichkeiten oder die Lesbarkeit der einzelnen Schriften sind da eher banale Hindernisse.

Jedenfalls sollte sich der große Aufgabenbereich rund um die Schriftlichkeit neben dem Literatur- und Quellenstudium auch der Analyse von bildlicher und vor allem kartografischer Überlieferung widmen.[196] Während erstere gerade für mittelalterliche Siedlungen eine seltene Ausnahme bildet,[197] finden sich Hinweise zu abgegangenen Orten und Kulturlandschaftselementen genauso wie wüstungsweisende Informationen auf historischen[198] sowie topografischen Karten relativ häufig.

196 Dazu beispielsweise: Quirin 1973, S. 234ff. – Jäger 1987, S. 32ff. – Wenzel 1990, S. 262f.

197 Kritisch dazu, allerdings mit einem Schwerpunkt auf Österreich: Andraschek-Holzer 2009.

198 Dazu beispielsweise: Bergmann 1993, S. 19ff. – Bergmann 1994, S. 37ff.

Bei der kritischen Bearbeitung zeitgenössischer Darstellungen ist aber stets die Intention des Zeichners zu berücksichtigen. Denn mittelalterliche und frühneuzeitliche Pläne beinhalten meist nur für deren Zielsetzung relevante, nicht immer akkurate oder gar korrekte, dafür jedoch zuweilen einzigartige Informationen.

Deutlich „neutraler“ und normalerweise recht sorgfältig erstellt sind wiederum die Uraufnahmen des 19. Jahrhunderts samt ihren Grundsteuerkatastern. Sie bergen in Kombination mit der Orts- und Flurnamenforschung wahrlich ungeheure Mengen an Informationen. Nicht nur die Flurbezeichnungen selbst (z.B. Endungen auf „-haus“, „-hof“, „-keller“, „-dorf“, „-kirche“ usw.)[199], auch alte Gemarkungs- und Parzellengrenzen bzw. -formen[200], Gewässerverläufe (beispielsweise erhaltene oder trockengefallene Mühlbäche) sowie Straßen- und Wegenetze[201] ermöglichen eine Rekonstruktion der historischen Siedlungslandschaft.

Eine solche Herangehensweise – besser: Detektivsuche nach Indizien – ist dann nichts anderes als die schon erwähnte „retrogressive Methode“ innerhalb der Siedlungs- bzw. Wüstungsforschung. Also die Rückschreibung auf einen älteren Zustand ausgehend von jüngeren Daten.

Selbst moderne topografische Karten sind trotz den die historische Kulturlandschaft geradezu devastierenden Flurbereinigungen (in Westdeutschland) und Kollektivierungen (in Ostdeutschland) des 20. Jahrhunderts[202] und recht „sterilen“ Informationen vereinzelt noch in der Lage, Hinweise auf verschwundene Dörfer zu liefern. Das funktioniert etwa durch Anwendung der sogenannten Siedlungslückentheorie.[203]

---

199 Zu Landschafts-, Orts- und Geländenamen beispielsweise: Jäger 1987, S. 44ff. Außerdem dazu: Schuh 1996, S. 1715f.

200 Zur Aussagemöglichkeit von Flurkarten hinsichtlich mittelalterlicher Parzellenformen: Krenzlin 1979.

201 Dazu lesenswert: Denecke 1979.

202 Kurz zusammengefasst von: Bork 2020, S. 189ff.; S. 195f.

203 Vgl.: Henkel 1975, S. 100. – Bors 2007, S. 13f.

Diese allerdings „als ein rein statistisches Verfahren nur sehr bedingt anwendbar[e]“[204] Methode postuliert in einem Gebiet mit ähnlichen naturräumlichen Gegebenheiten relativ konstante Entfernungen zwischen einzelnen Ortschaften und möchte bei davon markant abweichenden Zahlen – also „Lücken“ im rezenten Siedlungsnetz – mögliche Wüstungsstandorte lokalisieren.[205]

Weitaus verlässlicher sind die bereits in den Aufgabenbereich der archäologisch-geografischen Landesaufnahme fallenden Möglichkeiten der Fernerkundung und ihrer Auswertung. Zum einen ist dies die bereits seit Längerem etablierte Luftbildarchäologie oder -prospektion, welche je nach Witterung, Vegetation, Lichteinfall und Landschaftszustand mittels Bewuchs, Schnee-/Frost-, Boden-, Feuchtigkeits- oder Schattenmerkmalen (Boden-)Denkmäler oder Kulturlandschaftsrelikte ausfindig machen kann.[206] Ein ganz spannendes Thema für sich!

Aber auch „normale“ Luft- oder gar Satellitenbilder liefern oft eine neue Perspektive auf die Kulturlandschaft[207] – nämlich von oben – und können Hinweise auf verschwundene Siedlungen enthalten. Besonders erwähnenswert seien an dieser Stelle etwa die mittlerweile auch zivil einsehbaren Fotos der alliierten Luftaufklärung aus dem Zweiten Weltkrieg, da diese den ländlichen Raum Deutschlands großflächig und außerdem noch vor den stark landschaftsverändernden Flurbereinigungen des 20. Jahrhunderts abbilden.

Geradezu ein revolutionärer Quantensprung bezüglich der Prospektionsmöglichkeiten in der Bodendenkmal- und Kulturlandschaftspflege ist dem 3D- bzw. „Airborne Laser

---

204 Scharlau 1957, S. 63.

205 Vgl.: Sondermann-Fastrich 1993, S. 15. Zum Problem einer „topographischen Vorgehensweise“ auch: Bergmann 1994, S. 41.

206 Zusammenfassend zur Luftbildarchäologie etwa: Braasch 1983, S. 7ff. – Kühlborn 1989. – Leidorf 1996. – Braasch 1998. – Doneus u.a. 2003, S. 486ff. – Doneus 2013, S. 157ff. Jüngst äußerst gut veranschaulicht: Song u.a. 2019. Explizit im Zusammenhang mit mittelalterlichen Wüstungen: Denecke 1974.

207 Ausführlich zu den Grundlagen der Interpretation von Luft- und Satellitenbildern: Albertz 2009.

Scanning“ (ALS) oder „LIDAR“ (Light Detection and Ranging) zu verdanken. Dieses Verfahren ermöglicht mittels einer Abtastung der Geländeoberflächen durch Laserimpulse (z.B. aus einem Flugzeug) die großräumige, computergestützte Darstellung des (Mikro-)Reliefs der Landschaft. Dabei ist es sogar in der Lage, Strukturen unter der im Messbild herausrechenbaren Vegetation – also dem Waldbestand – sichtbar zu machen,[208] die Hinweise auf menschliche Einflüsse bzw. Reliefveränderungen in der Landschaft liefern.

Aus der Luft bzw. am Computer werden so überwucherte Hohlwege, Meilerplätze, Steinbrüche, Befestigungen, Grabenanlagen sowie vieles mehr sichtbar – und eben auch Wüstungen. In der historischen Kulturlandschaftsforschung ist diese Technologie ein kaum zu unterschätzender methodischer Meilenstein, wenn man bedenkt, dass heute wieder etwa ein Drittel Deutschlands mit Wald bedeckt ist.[209] Dieses riesige, bislang weitgehend der Forschung verschlossene Gebiet und die darin verborgenen Relikte kann man nun erstmals großräumig erschließen und visualisieren! Und damit auch unzählige neue Wüstungen entdecken.

Draußen – Geländearbeit mit und ohne Erdbewegung

Möchte man nun jedoch detailliertere Informationen zu in Literatur, Schriftquellen, Karten, Luftbildern und/oder LIDAR-Scans entdeckten Befunden erhalten, finden sich diese in der Regel erst im Gelände selbst. Deshalb ist es im zweiten Stadium einer idealen Wüstungsuntersuchung nun unumgänglich,

---

208 Zu den Möglichkeiten der Fernerkundung als Prospektionsverfahren beispielsweise: Doneus 2013, S. 151ff.; S. 208ff. Außerdem erwähnenswert: Chavarria Arnau/Reynolds 2015.

209 Zur Waldfläche in Deutschland beispielsweise: <www.forstwirtschaft-in-deutschland.de/waelder-entdecken/waldflaeche> [04.01.2021]. Oder: <www.bmel.de/DE/themen/wald/wald_node.html> [04.01.2021].

nach Auswertung aller verfügbaren schriftlichen, bildlichen und kartografischen Hinweise den Schritt in selbiges zu wagen.

Die Durchführung einer archäologisch-geografischen Landesaufnahme in Form von Feld- bzw. Geländebegehungen[210] – also der Suche nach und Vor-Ort-Kartierung aller zu erschließenden Überreste einer historischen Kulturlandschaft[211] – ist meist der Schlüssel zur Lokalisierung oder Strukturierung von mittelalterlich-frühneuzeitlichen Wüstungen. Denn schon lange war bekannt: „Die Kartierung der Wüstungen bildet also den wichtigsten Arbeitsgang, dem dann die Auswertung zu folgen hat."[212]

Auf die obligatorische Einbeziehung lokaler Anwohner, insbesondere der Land- und/oder Forstwirte und ihres oft unersetzlichen Wissensfundus, wurde früh hingewiesen,[213] „denn ortskundige Heimatforscher bringen selbst in gut bearbeiteten Gebieten immer wieder neues Material zutage"[214].

Gerade bei der Erforschung größerer Siedlungs- bzw. Wüstungsregionen – aber freilich auch bei Einzeluntersuchungen – bietet es sich im Vorfeld der Geländebegehungen an, mit einer gewissen Systematik und einem entsprechenden Fragenkatalog ausgestattet zu sein. Helmut Jäger versuchte das bereits 1953, als er für sein Geografisches Institut der Universität Göttingen eine kurze „Arbeitsanleitung für die Untersuchung von Wüstungen und Flurwüstungen" formulierte.[215] Im Grunde nichts anderes als ein auszufüllender Steckbrief mit bestimmten Rahmendaten.

210 Zur Theorie und Praxis von Feld- und Geländebegehungen, hier zwar mit Fokus auf Bayern und Ehrenamt, aber trotzdem bündig zusammengefasst: Obst 2011.

211 Dazu und anderen Prospektionsmethoden etwa: Haupt 2012, S. 33ff. In Kurzform: Kenzler 2016. Außerdem früh: Denecke 1972.

212 Lorch 1938, S. 178.

213 Vgl.: Scharlau 1955, S. 16. – Henkel 1975, S. 1. – Wenzel 1990, S. 264.

214 Janssen 1969, S. 78.

215 Vgl.: Jäger 1953b.

Die britische „Deserted Medieval Village Research Group (D.M.V.R.G.)“ – für diesen interessanten Forschungsverbund gibt es kein hiesiges Pendant – veröffentliche 1971 ihren einheitlichen Fragebogen samt hilfreicher Tipps für ehrenamtliche Wüstungsforscher und -kartierer.[216] Unabhängig davon, für welche Gliederung der Bestandserfassung man sich entscheidet und wie man sie gestaltet, letztlich geht es um eine sorgfältige, sachliche und umfassende Beschreibung samt Dokumentation der Wüstungsüberreste in der Landschaft. Im Idealfall ermöglicht diese Übersicht dann eine Vergleichbarkeit mit anderen Objekten.

Und in der Natur lässt sich vieles entdecken: „Reste von Trinkwasser- und Fischteichen, Brunnen, Gräben, dichtes Gestrüpp von Brennesseln und Holunder, die sich auf eutrophiertem Grund ausbreiteten, findet man zuweilen auf Wüstungsgelände, ja sogar verwilderte Gartenpflanzen, zum Beispiel Schneeglöckchen, deren Zwiebeln immer noch austreiben, obwohl die Gärten, in die sie gesteckt wurden, längst nicht mehr gepflegt werden.“[217] Gut, die Schneeglöckchen vergessen wir bei dieser romantischen Aufzählung besser wieder – sie haben in Mittelalter und früher Neuzeit kaum etwas zu suchen –, aber Sie verstehen, worum es geht: Sichtbare Spuren menschlichen Siedelns und Handelns.

Die verschiedenen, von erhaltenen Ruinen über markante „Landschaftsunruhen“ bis hin zu anfangs unauffälligen Obstbäumen oder Lesesteinhaufen reichenden und nicht selten in komfortabler Wassernähe befindlichen Siedlungsanzeiger[218] sind in Waldgebieten wegen ihrer optimaleren Erhaltung oft besser zu erkennen – nicht nur auf dem LIDAR-Scan.

Auf Agrarflächen hingegen ebneten Landwirtschaft und Flurbereinigung die Spuren mittelalterlich-frühneuzeitlicher Dörfer bereits recht früh und oft rücksichtlos ein. Dort besteht

216 Vgl.: Beresford/Hurst 1971, S. 313ff.

217 Küster 1995, S. 248f.

218 Zusammenfassend kurz: Sondermann-Fastrich 1993, S. 16.

dafür die Chance, mittels aufgepflügter Lesefunde nicht nur räumliche Befundausdehnungen zu erfassen, sondern ferner mit den Artefakten erste datierende oder periodisierende Hinweise zum jeweiligen Bodendenkmal zu erhalten.

Kleine Anekdote vom Archäologen: Freilich handelt es sich hierbei nicht mehr um die „Scherbenmethode [...], die von der Jenaer Siedlungsgeographischen Schule unter Dr. Koerner speziell für die Wüstungsforschung ausgearbeitet wurde“, bei der man Keramik „sofort oder nach Herstellung von Anschliffen durch Vergleich mit schon bestimmten Standartscherben typologisch datiert“[219], sondern schlicht und einfach um die Grundlage archäologischer Arbeit.

Problematisch bezüglich einer korrekten Ansprache und Datierung von Fundstellen auf landwirtschaftlichen Nutzflächen sind dabei aber beispielsweise die erst langsam in den Fokus der Wissenschaft tretenden „Scherbenschleier“. So bezeichnet man großflächige Fundstreuungen, die ab dem Spätmittelalter unvermittelt und wohl als Resultat von Düngemaßnahmen auf den Feldern auftauchen.[220]

Dieser historische, oft aus städtischem Kontext stammende und mit den tierischen (oder auch menschlichen) Ausscheidungen vermischte Abfall – kurz gesagt: Latrinenfüllungen – suggeriert dann nämlich heute aufgrund des enthaltenen Fundmaterials Bodendenkmale oder verfälscht Datierungen, obwohl sich unter der Ackerkrume gar keine oder zeitlich ganz anders einzuordnende archäologische Strukturen befinden.

---

219 Lorch 1939, S. 85. Ebenfalls explizit erwähnt bei: Walter 1954, S. 120.

220 Dies beispielsweise ohne Begründung – wenngleich plausibel – behauptend: Willerding 1986, S. 250. – Benecke u. a. 2003, S. 242. – Bors 2007, S. 32. – Gringmuth-Dallmer 2009, S. 114. – Schreg 2009a, S. 148 f.; S. 159. Als lobenswerte Ausnahme mit Quellenbeleg aus städtischem Kontext: Dirlmeier 1988, S. 107. Etwas ausführlicher: Obst 2012, S. 63 f. Jüngere Informationen zu den schon länger bekannten (z. B. Denecke 1972, S. 416) „Scherbenschleiern“ finden sich etwa in diversen archäologischen Blog-Beiträgen unter: <https://archaeologik.blogspot.com/2013/06/scherbenschleier-als-indikator-fur.html> [25.04.2012]. – <www.scherbensteinewuestungen.wordpress.com/tag/scherben-schleier> [25.04.2021]. – <https://archaeologik.blogspot.com/2015/11/landnutzung-und-siedlungsentwicklung-im.html> [03.07.2021]

Bei spätmittelalterlichen Wüstungen ist es sogar möglich, dass die „relativ lange im Pflughorizont haltbare[...], qualitativ hochwertige[...] Keramik" des Scherbenschleiers eventuell „zu Unschärfen hinsichtlich der Bestimmung des Auflassungszeitraumes führen" könnte.[221]

Etwas mehr Klarheit im Untergrund schaffen hier jedoch mittlerweile moderne naturwissenschaftliche Prospektionsmethoden wie vorrangig die Magnetometrie bzw. „Geomagnetik", die Geoelektrik oder das Boden- bzw. Georadar.[222]

Diese zerstörungsfreien Verfahren haben die bis zu den 1980er Jahren recht populäre Phosphatkartierung[223] zum – vereinfacht gesagt – chemischen Nachweis vergangener menschlicher oder tierischer Ausscheidungen/Überreste im Boden als primäre Erkundungstechniken des Untergrunds sowohl für durch klassische Geländebegehungen aufgefundene Siedlungen im Speziellen als auch für Bodendenkmäler im Allgemeinen abgelöst.

Sie gehören heute zum festen Repertoire archäologischer Feldforschung, um einerseits Bodendenkmäler überhaupt erst ausfindig zu machen, andererseits aber auch, um die Ausdehnung und Struktur bekannter Fundstellen festzustellen oder maßnahmenvorbereitend eine exakte und zielorientierte Anlage von Grabungsschnitten zu erlauben.

---

221 Obst 2012, S. 64.

222 Übersichtlich zu allen hier nicht im Detail zu erklärenden Prospektionsmethoden etwa: Doneus 2013, S. 135 ff. Zur Einführung in Magnetometrie, Geoelektrik und Bodenradar im Speziellen mit weiterführender Literatur siehe beispielsweise: Lorra u. a. 1998. – Lück 2000. – Lück 2005. – Petzold 2005. – Faßbinder 2007. – Ullrich u. a. 2007. – Buthmann u. a. 2008, S. 8 ff. – Casten 2008. – Doneus 2013, S. 222 ff.

223 Zur Technik: Lienemann 1998. – Lienemann 2001. Im Zusammenhang mit Wüstungsuntersuchungen beispielsweise: Lorch 1939. – Abt 1968. – Bergmann 1994, S. 43 ff. Erwähnenswert in Bezug auf chemische Prospektionen ist unter anderem die Wüstung Wülfingen im heutigen BadenWürttemberg, wo Mitte der 1960er Jahre rund ein Viertel der durch Phosphatanalysen ermittelten Siedlungsfläche ausgegraben wurde (Schreg 2009a, S. 141).

Die „Geomagnetik“ macht sich das vergleichsweise konstante Erdmagnetfeld zunutze, um Störungen in selbigem durch im Boden verborgene, unterschiedlich stark magnetisierbare Strukturen (z.B. Mauern, Gruben, Metallobjekte) zu messen und grafisch als Anomalien wiederzugeben.[224] Geoelektrische Prospektion wiederum basiert auf der variablen Leitfähigkeit einzelner Befunde bzw. Materialien im Untergrund, welche mit Hilfe von Widerstandsmessungen visualisierbar ist.[225] Das Georadar schließlich sendet elektromagnetische Wellen in Radiofrequenz in den Boden, die von Schichten – oder eben verschiedenen Strukturen in der Erde – mit jeweils unterschiedlichen elektromagnetischen Eigenschaften reflektiert und deren Stärke wie Laufzeit dann gemessen werden, wobei sich auch hierbei dann zu analysierende Messbilder ergeben.[226]

All diese Verfahren und die daraus resultierenden Darstellungen – wie auch die übrigen naturwissenschaftlichen Prospektions- und Analysemethoden – bergen entsprechend der äußeren Umstände Vor- wie Nachteile und bieten je nach Umgebung und Fragestellung unterschiedlich großes Erkenntnispotenzial.[227] Ihnen gemein ist aber die Tatsache, dass zwar alle ohne Bodeneingriffe ablaufen, eine Interpretation der Messbilder letztlich jedoch keine archäologische Ausgrabung ersetzen kann. Ebenso lassen sich Anomalien im Boden zwar damit entdecken, niemals aber konkret datieren oder exakt ansprechen.

---

224 Zur Technik beispielsweise: Lorra u.a. 1998, S. 31ff. – Faßbinder 2007, S. 53ff. - Buthmann u.a. 2008, S. 8. – Casten 2008, S. 222ff. – Doneus 2013, S. 223ff.

225 Zur Technik beispielsweise: Lorra u.a. 1998, S. 29ff. - Ullrich u.a. 2007, S. 84ff. - Buthmann u.a. 2008, S. 10. – Casten 2008, S. 226ff. – Doneus 2013, S. 226ff.

226 Zur Technik beispielsweise: Lorra u.a. 1998, S. 27ff. – Ullrich u.a. 2007, S. 78ff. – Buthmann u.a. 2008, S. 12. – Casten 2008, S. 231ff. – Doneus 2013, S. 228ff.

227 Zu den Vor- und Nachteilen der einzelnen Prospektionsmethoden siehe die in den dortigen Anmerkungen genannte Literatur.

Ohne nun weiter detailliert auf diese naturwissenschaftlichen Erkundungsmöglichkeiten einzugehen, reicht zu wissen, dass sie sich perfekt eignen, um zerstörungsfreie und vergleichsweise kostengünstige Einblicke unter die Erdoberfläche in Form von Messbildern und damit Informationen über Größe, Ausdehnung sowie die Struktur von Wüstungen zu erhalten.

Dies ist auch der Grund dafür, dass man geophysikalische Prospektionen mittlerweile geradezu obligatorisch zur Vorbereitung von großräumigen archäologischen Ausgrabungen einsetzt. Denn eindeutige Gewissheit über die prospektierten Strukturen liefern letztlich nur invasive – und dadurch natürlich den Befund (zer)störende – Herangehensweisen, die das elementare Handwerkszeug der Archäologie bilden.

Zwar können bereits „Mikroschürfungen“[228], künstliche oder natürliche Bodenaufschlüsse (z. B. Baumwürfe oder Resultate geomorphologischer Prozesse), Bohrprofile oder kleine Suchschnitte wertvolle Aussagen zu Stratigrafie (Schichtenfolge) und Befundsituation treffen. Eine gezielte fachgerechte archäologische Ausgrabung und die damit verbundenen bzw. möglichen kultur- und naturwissenschaftlichen Untersuchungen sind bislang jedoch durch keine andere Methode an ihrem Informationsgehalt zu toppen.

Die Grenzen der Erkenntnis orientieren sich dabei unter der Prämisse einer aussagekräftigen Befunderhaltung und einer fachmännischen Dokumentation im Endeffekt nur an den vorhandenen technologischen, finanziellen und personellen Mitteln.

Fest steht aber, dass eine archäologische Ausgrabung – sei es nun in einer Wüstung oder einem anderen Bodendenkmal ganz gleich welcher Zeitstellung – stets nur von Fachpersonal unter Berücksichtigung der geltenden Denkmalschutzgesetze

228 Der Begriff wurde 1938 von Walter Lorch (Lorch 1938, S. 179 ff.) im Sinne einer Auffindungsmethode für Wüstungen verwendet, bezeichnet im Grunde aber eine heute als „Bohrung“ verstandene Untersuchung.

und Grabungsrichtlinien sowie unter Einbindung und mit Genehmigung der entsprechenden Fachbehörden stattfinden darf. Spätestens jetzt sollte der passionierte Wüstungsforscher das Feld also den Experten überlassen.

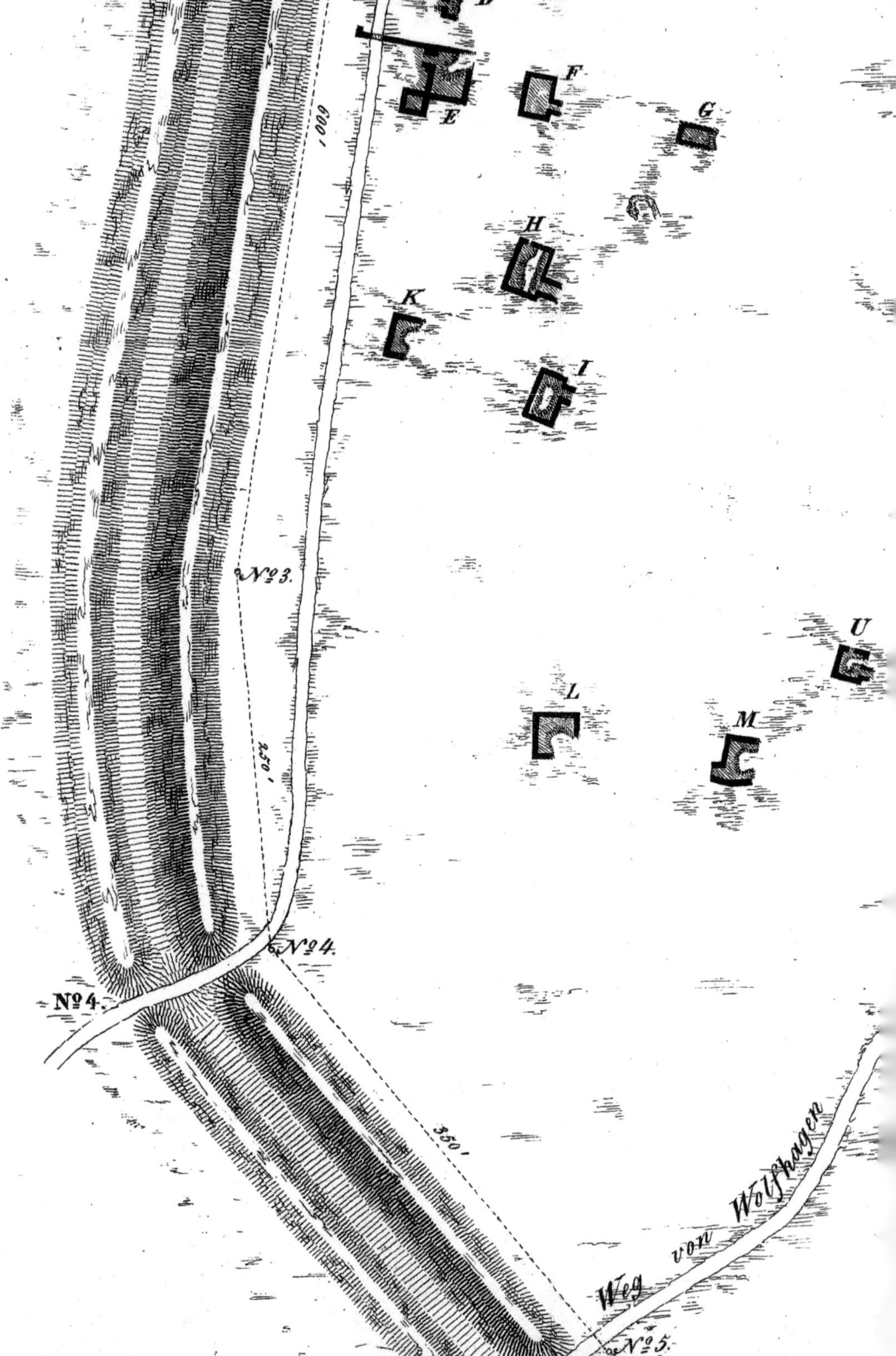
E
F
G
H
K
I
№ 3.
U
L
M
№ 4.
№ 4.
350'
Weg von Wolfhagen
№ 5.

KAPITEL 4

Ursachen und Grundlagen spätmittelalterlicher Wüstungsprozesse

Theorie und Geschichte der deutschsprachigen Wüstungsforschung sind nun behandelt – ebenso die Methoden ihrer Auffindung und Untersuchung. Komme ich nun also endlich zu dem Abschnitt, der – seien wir ehrlich – eigentlich am meisten interessiert: Die Gründe für das Wüstfallen so vieler mittelalterlicher Dörfer.

Denn die Frage nach den Ursachen von Regressionsvorgängen im Allgemeinen und insbesondere denen der „klassischen" und vermutlich „populärsten" Wüstungsphase des Spätmittelalters im Speziellen spielte stets und seit den Anfängen der Forschung eine zentrale Rolle bei der Beschäftigung mit den verschwundenen Siedlungen.

Nicht zuletzt deshalb, weil es ein länderübergreifendes Phänomen war und „merkwürdige Erscheinung, die seit langer Zeit in ebenderselben Weise aus sehr vielen Teilen von Mitteleuropa bekannt ist"[229]. Oder um es mit den Worten Werner Röseners zu sagen: „Ähnlich wie bei alten Burgruinen hat sich die Phantasie des Volkes auch besonders mit verschollenen Ortschaften beschäftigt und deren Untergang mit Sagen und Erzählungen ausgeschmückt."[230]

Alfred Grund suchte bereits 1901 nach selbigem, um die zeitgenössischen Entvölkerungswellen des Mittelalters plausibel zu erklären.[231] Insofern gab er – zumindest literarisch gesehen – den Startschuss für die gerade in der 2. Hälfte des 20. Jahrhunderts sehr eifrig vorangetriebene Ursachensuche.

229 Schlüter 1903, S. 202.

230 Rösener 1991, S. 255.

231 Grund 1901, S. 124ff.

Diese ist, wie Dietrich Denecke treffend formulierte, vor allem eine Prozessforschung[232], denn der Siedlungs(formen)verfall war meist ein langsamer und schleichender Vorgang.[233]

Nur in den wenigsten Fällen löste nämlich ein abruptes, deshalb oft spektakuläres wie „öffentlichkeitswirksames" und außerdem dann in archäologischer und schriftlicher Überlieferung vielfach nachvollziehbares Ereignis à la „Pompeji" einen Wüstungsprozess aus. Also plötzliche Natur- oder sonstige Katastrophen wie Stadtbrände, Erdbeben, Lawinen, Sturmfluten oder eben Vulkanausbrüche. Diese spiegeln sich sowohl im materiellen Befund als auch in zeitgenössischen Berichten gemeinhin recht deutlich wider.

Normalerweise aber schweigen viele Primärquellen zu den Ursachen einer sukzessiven Regressionsdynamik, denn oft wurde diese „von den Zeitgenossen auch nicht als solche empfunden"[234]. Oder aber „Größenordnungen von wenigen Prozenten an Verlust von Siedlungssubstanz werden den Zeitgenossen nicht stärker beunruhigt haben als uns heute die Sozialbrache[235] berührt"[236].

Schriftliche Zeugnisse liefern uns bei einer Nennung eines Ortes als Wüstung nur einen „terminus ante quem" für diesen Entwicklungsschritt, also den Zeitpunkt, vor dem das Wüstfallen geschehen sein muss. Archäologische Funde und Befunde im Siedlungsareal hingegen verweisen mit ihrer Datierung auf einen „terminus post quem", also den Zeitpunkt, nachdem die Bewohner einen Ort aufgegeben haben müssen – weil die Objekte und ihre Nutzung eben noch von menschlicher Anwesenheit zeugen. Dementsprechend lässt sich die gesuchte Zeitspanne eines Wüstfallens mit diesen Daten im Regelfall nur grob eingrenzen, aber selten exakt bestimmen.

---

232 Denecke 1985, S. 9ff. – Denecke 1994a, S. 9. – Denecke 2005a, S. 58ff.

233 Bereits betont von: Pohlendt 1950a, S. 5.

234 Janssen 1975, S. 8.

235 Zum Begriff „Sozialbrache" siehe Kapitel 2 und Anmerkung 87.

236 Jäger 1979, S. 229.

Wie so oft – es ist komplex

Doch zurück zu den Ursachen: Erwähntermaßen hatte die Archäologie durch Grabungsbefunde nachgewiesen, dass Siedlungsrückgänge und entsprechende Perioden mit erhöhter Wüstungsbildung auch vor dem hohen Mittelalter existierten.[237] Ebenso vermerkte Kurt Scharlau – der schon genannte Begründer des ersten Wüstungsschemas von 1933 (Abb. 2) – bereits im Jahr 1957, dass es „1. die frühgeschichtliche, 2. die hochmittelalterliche, 3. die spätmittelalterliche und 4. die neuzeitliche Wüstungsperiode“[238] gegeben habe.

Der hier im Mittelpunkt stehende Terminus „Wüstung“ setzte sich jedoch – im Grunde als ungeschriebenes, aber weiterhin nicht unbestrittenes „Gesetz“ – schlussendlich meist nur für zwei Ereignishorizonte durch: Nämlich die Resultate der hochmittelalterlichen Regressionserscheinungen während der „positiven“ bzw. progressiven Siedlungsentwicklung des 11.–13. Jahrhunderts[239] auf der einen und für die spätmittelalterliche Wüstungsperiode mit „negativer“ bzw. regressiver Siedlungsentwicklung des 14./15. Jahrhunderts auf der anderen Seite.

Noch mal: Es gab im letzten Jahrtausend in Mitteleuropa zwei bedeutende Phasen der Wüstungsbildung, eine im Hochmittelalter – obwohl die Bevölkerung wuchs – und eine im Spätmittelalter, als die Populationszahlen massiv sanken.[240]

Das erkannte die Wissenschaft recht früh: Heinz Pohlendt etwa stellte 1950 eine Konzentrationsperiode von Wüstungen im Früh- und Hochmittelalter einer Entsiedlungsperiode im Spätmittelalter gegenüber[241] und Wilhelm Abel schrieb be-

237 Siehe Kapitel 2.

238 Scharlau 1957, S. 96.

239 Unter dem Begriff „hochmittelalterlicher Landesausbau“ beispielsweise stark komprimiert zusammengefasst von: Schenk 2011, S. 81ff.

240 Vgl.: Sondermann-Fastrich 1993, S. 13.

241 Vgl.: Pohlendt 1950a, S. 23ff.

reits im Jahr 1967: „Seitdem sich die Meldungen häufen, daß Wüstungen in das 13., 12. und noch frühere Jahrhunderte zurückreichen, pflegt man die spätmittelalterliche und die hochmittelalterliche Wüstungsperiode zu unterscheiden."[242]

Beide Phasen besaßen aber grundsätzlich völlig verschiedene Ursachen und Folgen, standen allerdings dennoch teilweise in Wechselwirkung miteinander.[243] Deshalb bieten sie sich sehr gut an, um die verschiedenen Forschungs- und Theoriemodelle der Wüstungsauslöser zu illustrieren.

Obwohl sich Kurt Scharlau 1933 bei der wegweisenden Präsentation seines Wüstungsschemas in einem eigenen Kapitel natürlich schon über die Ursachen der verlassenen Dörfer äußerte,[244] war auch zehn Jahre später „über die Entstehung unserer deutschen Wüstungen [...] noch keine Einigkeit erzielt worden"[245].

Es sollte im Grunde noch einige Dekaden dauern, bis sich eine fundamentale wie praktisch simple Erkenntnis vollends durchsetzte, die ich hier gleich vorwegnehme: Und zwar, dass Wüstungsprozesse und wüstungsbildende Dynamiken fast immer aus einem regional bezogenen, multikausalen und je nach Einzelfall unterschiedlich stark zusammenwirkenden Faktorenbündel bestehen, bei dem individuell gewichtete Schwerpunkte einzelner Ursachen(theorien) in unterschiedlichen Gebieten auch unterschiedlich greifen.[246]

Oder um es mit den Worten Rudolf Bergmanns zu sagen, dass „Vorgänge der Wüstungsbildung durch ein Zusammenwirken verschiedenartiger, in einem möglichen Interferenz-

242 Abel 1967b, S. 2.

243 Vgl.: Born 1979, S. 53.

244 Vgl.: Scharlau 1933, S. 24ff.

245 Mortensen 1944, S. 198.

246 Diese Multikausalität wurde beispielsweise in den Titel eines hessischen Wüstungsforschungsprojektes übertragen und diesbezüglich besonders betont von: Recker 2006. – Recker u. a. 2006. – Recker 2012, S. 245. Dazu auch kurz: Rösener 2010a, S. 57f.

verhältnis zueinander stehender Faktoren ausgelöst und in Gang gehalten wurden“[247].

So banal dies klingen mag, lange Zeit verklärte der Wunsch nach schematischer und eindeutiger Klassifizierung von einzelnen Wüstungsprozessen bzw. -perioden und damit auch der vermeintlich gemeinsamen Ursache(n) in den entsprechenden Phasen diese fundamentale Einsicht.

In den 1970er Jahren hatte sich aber „bei den meisten Wüstungsforschern [...] die Ansicht durchgesetzt, daß eine monokausale Erklärung von vorneherein nicht in Betracht zu ziehen ist“ und „die Wüstungsvorgänge [...] als Erscheinungen, die durch das kombinierte Auftreten verschiedener Ursachen und Faktoren zustande kommen“[248], anzusehen sind. Kurzum, „in der Regel interferieren bei der Wüstungsentstehung mehrere Faktoren, oft unterschiedlichen Gewichts“[249].

Es geht immer um die Bevölkerung

Bei dem wichtigsten Kernaspekt der Wüstungsursachen, den fast alle Bearbeiter korrekt formulierten, herrschte aber schnell Konsens: Denn ausschlaggebend war stets die demografische Variable mit Populationsverlusten oder -steigerungen sowie „Push“-/Abwanderungs- und „Pull“-/Zuwanderungs-Faktoren[250] als maßgeblicher und dominierender Parameter für Regressionserscheinungen. Oder, kürzer formuliert, „die Frage nach dem Verbleib der Bevölkerung“[251].

---

247 Bergmann 2007, S. 278.

248 Janssen 1975, S. 10.

249 Jäger 2003, S. 389.

250 Mittels dieser Begriffe gerne umschrieben von: Denecke 1985, S. 15. – Denecke 2005a, S. 64.

251 Scherzer 1983, S. 108. Von diesen Zusammenhängen wussten auch schon: Mortensen 1923, S. 63. – Scharlau 1933, S. 11; S. 16ff.

Denn Wüstungserscheinungen müssen nicht zwangsläufig eine negative Konnotation besitzen und mit Bevölkerungsverlusten einhergehen. Das zeigt deren erste große, besonders für das hohe Mittelalter bedeutsame Ursachengruppe. Gleichsam verdeutlicht sie den Facettenreichtum der historischen Kulturlandschaftsentwicklung, da diese niemals statisch abläuft und ihre Gestalt stets im Wandel ist.

Es handelt sich um das hier zusammengefasste Phänomen von a) Siedlungskonzentrationen bzw. -zentralisierungen, welches früher je nach Veränderungen der Bodennutzungssysteme teilweise unter dem 1916 von Josef Lappe genutzten Terminus „Synoikismus“[252] oder der sogenannten, von Hans Mortensen 1944 formulierten Ballungstheorie[253] subsumiert wurde. Oder aber um b) Siedlungsverlagerungen, sprich Siedlungsmutationen, die vielfach jedoch nur archäologisch greifbar sind.

Für das Hochmittelalter fiel oft das – im Übrigen auch heute noch aktuelle – Stichwort „Landflucht“, weil mit der rasanten Ausbildung des Städtewesens gerade im Umfeld der sich entwickelnden urbanen Gemeinschaften vereinzelt ganze „Wüstungskränze“[254] um größere Zentren entstanden seien. Dabei wäre die Landbevölkerung aus vielfältigen wirtschaftlichen, gesellschaftlichen oder politischen Gründen in die Städte gezogen oder aber man habe mehrere Kleinsiedlungen zu einem Großdorf[255] oder eben einer Stadt zusammengefasst.

Als Auslöser gelten hier beispielsweise die Umstrukturierungen in der nun produktiveren Landwirtschaft, die Gran-

---

252 Vgl.: Lappe 1916, S. 83. Dazu: Pohlendt 1950a, S. 31 f. – Jäger 1979, S. 198. – Balzer 1994, S. 69. – Jäger 1994, S. 158. – Bergmann 2007, S. 278.

253 Vgl.: Mortensen 1944, S. 199 ff. Dazu beispielsweise: Jäger 1979, S. 200 ff.

254 Vgl.: Bergmann 1994, S. 57. – Balzer 1994, S. 83. Dazu unter dem Schutzaspekt auch: Nitz 1983, S. 139.

255 Solche Prozesse waren vor allem in Ostdeutschland zu beobachten. Dazu kurz: Gringmuth-Dallmer 1986, S. 11 f. – Gringmuth-Dallmer 1992, S. 212 f. Forschungsgeschichtlich erwähnenswert auch der frühe Beitrag von: Krenzlin 1959.

gienbildung von Zisterzienserklöstern[256] oder das „Bauernlegen“ feudaler Obrigkeiten. Ferner natürlich die Anziehungskraft des städtischen Wohlstands oder aber das gesteigerte Schutzbedürfnis der Bevölkerung respektive der Wunsch nach größerer Wehrhaftigkeit der Städte/Dörfer vonseiten der Landesherren.[257]

Unabhängig von der exakten Motivation und der teilweise zu diskutierenden Häufigkeit derartiger durch Konzentrations- und Mutationsprozesse hinsichtlich einer agrarischen, wirtschaftlichen oder gesellschaftlichen Um- oder Neustrukturierung der Landschaft entstehenden Wüstungen sind dabei zwei Dinge entscheidend: Einerseits die bereits genannte Konstanz oder sogar Steigerung der Bevölkerungszahlen, andererseits aber auch die Tatsache, dass bei diesen Wüstungsprozessen selten bis nie das kontinuierlich weiter genutzte Kulturland respektive die Fluren wüstfielen. Es kam also nicht zu einer „quantitativen Verminderung“ des vorher vorhandenen Ertrags oder Landschaftspotenzials.[258]

Eine Ausnahme bildet dabei höchstens ein eher heute dominierendes Problem für rezente Wüstungsprozesse, nämlich konkurrierende Flächennutzungsansprüche, aktuell beispielsweise hinsichtlich der Anlage etwa von Tagebau-

---

256 Dies schien auch in England eine hochmittelalterliche Wüstungsursache zu sein: Hurst 1974, S. 237.

257 Zu all diesen Komplexen der Ballungs- und Konzentrationsthesen mit entsprechenden Standpunkten beispielsweise: Scharlau 1933, S. 34ff. – Pohlendt 1950a, S. 23ff. – Jäger 1958, S. 73ff. – Abel 1976, S. 37ff.; S. 45ff. – Jäger 1979, S. 198ff. Zusammenfassend: Sondermann-Fastrich 1993, S. 13. – Gringmuth-Dallmer 2003, S. 385. – Jäger 2003, S. 389. – Rösener 2010a, S. 66.

258 Vgl.: Born 1979, S. 50. Bündig außerdem zu Regressionsvorgängen im Zuge von Umstrukturierungen eines Siedlungsgefüges: Denecke 1985, S. 19ff. – Denecke 2005a, S. 68ff. Hermann Grees war ferner der Meinung, dass es bei Siedlungskonzentrationen „in der Regel […] zu keiner völligen Neuverteilung des Grundbesitzes und häufig auch nicht zu einer völligen Neuorganisation der flürlichen Ordnung gekommen zu sein“ schien: Grees 1968, S. 53.

en, Stauseen, Truppenübungsplätzen oder Grenzanlagen.[259] Derartige Rivalitäten die gegensätzliche Inanspruchnahme eines größeren Siedlungsareals oder Naturraums betreffend spielten aber im Mittelalter eine marginale Rolle und waren höchstens punktuell von Bedeutung.

Methodisch viel problematischer im Hinblick auf eine allgemeine Wüstungsforschung, da geradezu regelhaft im frühen und hohen Mittelalter zu beobachten, sind (oft kleinräumige) Siedlungsverlagerungen. Denn „grundlegender Faktor für den Standort einer ländlichen Siedlung [ist], von wenigen Ausnahmen abgesehen, nicht der Wohnplatz [...], sondern die landwirtschaftliche Nutzfläche“[260]. Eike Gringmuth-Dallmer geht in einem kurzen, aber essenziellen Beitrag von 1992 genau auf dieses Problemfeld und das „dialektische Wechselverhältnis“ von Landesausbau und Wüstungsgeschehen ein. Obwohl manchmal nur wenige hundert Meter verlagert, schlagen sich diese Orte ja letztlich „archäologisch und in den Schriftquellen als Wüstungen nieder“[261].

Sehr wichtig zu diesem Thema ist auch eine Arbeit von Rainer Schreg zur Dorfgenese in Südwestdeutschland, der ebenso derartige Umstrukturierungsprozesse gerade des frühen und hohen Mittelalters beleuchtet. Er verweist unter anderem auf die Christianisierung der Bevölkerung und den damit verbundenen Kirchenbau als nicht zu unterschätzenden Faktor für die Verlegung bzw. Mutation und danach aber auch die Konstanz von Siedlungsstrukturen,[262] bei der sich ebenso Wüstungen entwickeln können.

---

259 „Jüngst“ dazu: Reichert-Schick 2013, S. 31f. Auf Wüstungen durch Talsperren und Militärgelände wies aber schon hin: Lappe 1916, S. 3ff.

260 Gringmuth-Dallmer 1992, S. 209f.

261 Ebd., S. 211.

262 Kurz dazu: Schreg 2006a, S. 342f. – Schreg 2006b, S. 150; S. 153f. Generell zur ländlichen Siedlungsentwicklung: Schreg 2006a. Andersherum – und im Einzelfall sicherlich richtig – argumentierte Hansjörg Küster (Küster 1995, S. 248), wenn er im Sinne von „Wüstungsanzeigern“ meinte, „Spuren der Wüstungen hielten sich in vielen Fällen bis zum heutigen Tag, vor allem dann, wenn das abgegangene Dorf bereits eine Kirche hatte“.

Ein gerade von der geografisch-historischen Forschung vielleicht etwas vernachlässigter Aspekt ist außerdem die begrenzte Haltbarkeit von während des Früh- und Hochmittelalters im ländlichen Raum bekanntermaßen vorherrschenden Holzgebäuden. Denn deren zwangsläufige zeitweilige Erneuerung setzte mitunter eine zumindest kleinräumige Translokation neuer Bauplätze in regelmäßigen Abständen voraus.[263]

Um es kurz zu machen: Auch während der „progressiven" Siedlungsperiode des Hochmittelalters entstanden trotz Entwicklung des Städtewesens, enormem Anstieg der Bevölkerungszahlen und der Ausweitung bzw. Erschließung neuer Lebensräume in vorher unrentablen Mittelgebirgsregionen zahlreiche Wüstungen.

Die Gründe dafür waren während dieser „hochmittelalterlichen Expansionsphase"[264] des 11.–13. Jahrhunderts aber in erster Linie Umstrukturierungen des Siedlungsgefüges. Und die sind oft sehr schwierig und wenn überhaupt, dann meist nur archäologisch zu greifen. Sinkende Bevölkerungszahlen, welche maßgeblich für die „klassische" Wüstungsphase des 14./15. Jahrhunderts verantwortlich gemacht werden, spielten dabei überhaupt keine Rolle.

Ausgehend von jenen massiven, allgemein anerkannten und grundsätzlich europaweit zu beobachtenden Populationsverlusten während des Spätmittelalters sowie hauptsächlich den damit verbundenen, nicht minder gravierenden Migrationsbewegungen entwickelte die Forschung im Lauf der Zeit verschiedene, oft publikumswirksame „Theorien und Hypothesen, die im Wüstungsprozess den Ausdruck krisenhafter Erscheinungen in Natur und Gesellschaft zu erkennen glaubten"[265].

263 Zur Lebensdauer von Pfosten- und Ständerbauten: Zimmermann 1998, S. 50 ff.; S. 179 f.

264 Wie von einigen anderen Autoren ebenfalls unter diesem Begriff zusammengefasst von: Weigl 2012, S. 61 ff.

265 Wenzel 1990, S. 272.

Krisenzeit Spätmittelalter

Die Situation war augenscheinlich fatal, weshalb das Spätmittelalter und vor allem das 14. Jahrhundert in der Retrospektive oft als „Krisen-", manchmal gar „Katastrophenära" bezeichnet oder generell eine „Krise des Spätmittelalters" proklamiert wird.[266] Weil es uns eher um das Resultat – die Wüstungen –, weniger den Weg dahin geht, mache ich es uns einfach und wie viele andere Publikationen auch, denn „die meisten bleiben [...] ziemlich unpräzise oder gar schwammig und verzichten auf eine genauere Definition"[267].

Klar ist, dass mehrere Desaster geradezu periodisch aufeinander folgten: Überregionale Hungersnöte in den ersten zwanzig Jahren des Säkulums mit einem Höhepunkt um 1315[268] oder die Verwüstungen des Jahrtausendregens bzw. -hochwassers der Magdalenenflut 1342[269] zermürbten die Bevölkerung ebenso wie stets auftretende größere oder kleinere kriegerische Auseinandersetzungen.

Im Anschluss dezimierten dann jene schrecklichen, ab dem Ende der 1340er Jahre Europa heimsuchenden Pestwellen neben weiteren regionalen Epidemien anderer Krankheiten wie Typhus oder Malaria die Einwohnerzahl Europas im Vergleich zu ihrer hochmittelalterlichen Bevölkerungsspitze um knapp ein Drittel. In der 1. Hälfte des 15. Jahrhunderts erreichte der Populationsrückgang schließlich seinen Höhepunkt und die Einwohnerzahlen Europas waren unter die Hälfte des Niveaus von 1348 gefallen.[270]

Andere Autoren geben grob übereinstimmend an, dass die Bevölkerung 1380 aufgrund des „Schwarzen Todes" um etwa

---

266 Dazu beispielsweise schon: Seibt/Eberhard 1984. – North 2007, S. 361 ff. Etwas populärer: Sirocko u. a. 2012. – Fouquet/Zeilinger 2011. Kurz: Schreg 2011, S. 198 f. Jüngst etwa: Bauch/Schenk 2020.

267 North 2007, S. 369 f.

268 Vgl.: Abel 1976, S. 87 f. – Sondermann-Fastrich 1993, S. 14.

269 Dazu beispielsweise: Bork 2004, S. 22 ff. – Bork 2006, S. 115 ff. – Bork u. a. 2011, S. 232 ff.

270 Vgl.: Bulst 2003, S. 1915 f.

40 % gesunken sei und sich bis 1440 noch einmal um weitere 10 % verringert habe.[271] Dietrich Denecke betonte allerdings, dass „der zeitliche und ursächliche Zusammenhang zwischen Pest und Siedlungsaufgabe, d. h. ein einfaches Aussterben der Bevölkerung eines Dorfes als Wüstungsursache für einzelne Siedlungen eines größeren Gebietes bisher kaum sicher nachgewiesen“[272] sei. Dem ist freilich zuzustimmen, denn durch die Pest allein und deren Mortalitätsraten dürften zwar unverhältnismäßig viele partielle Wüstungen, aber nur wenige Totalwüstungen entstanden sein.

Weitaus folgenreicher waren die dadurch hervorgerufenen und früh von der Wissenschaft erkannten Bevölkerungsbewegungen. Im Vergleich zu den Wüstungsprozessen des hohen Mittelalters fanden diese eben nur mit einem gänzlich anderen Auslöser und in einer offenbar viel stärkeren Intensität statt.

Schaut man sich die stets postulierten Fakten der spätmittelalterlichen Wüstungsphase in der Gesamtschau unabhängig der jeweiligen Einzelursachen an, so fallen vorab einige Charakteristika auf: Es steht erst einmal außer Frage, dass tatsächlich eine mehr oder weniger deutschland- oder gar europaweite Wüstungshäufung im vergleichsweise langen Zeitraum des 14. und 15. Jahrhunderts existierte.[273] Dabei waren offenbar Einzelhöfe und Kleinsiedlungen deutlich wüstungsanfälliger als größere Orte in der Nachbarschaft.[274]

271 Vgl.: Russel 2003, S. 13.

272 Denecke 1985, S. 15. – Denecke 2005a, S. 64.

273 Vgl.: Troßbach/Zimmermann 2006, S. 48.

274 Für Franken betont dies beispielsweise: Jäger 1974, S. 34. Einige Autoren beobachteten, dass in ihren Untersuchungsgebieten oftmals Siedlungen ohne eigene Kirchen oder Kapellen wüstfielen (z. B.: Hildebrandt/Kauder 1993, S. 42), nach Wilhelm Abel hätten aber „viele Ortschaften […] indes die Wüstungsperiode [überstanden], ohne je eine Kirche besessen zu haben, während zahlreiche Kirch- und Pfarrdörfer zugrunde gingen“ (Abel 1976, S. 38). Dementsprechend scheint die Existenz eines Sakralbaus kein unmittelbar relevantes Kriterium gewesen zu sein, was aber schon Wilhelm Müller-Wille bei seiner frühen und forschungsgeschichtlich interessanten Siedlungsstudie zur Göttinger Leinetalsenke nebenbei feststellte (Müller-Wille 1948, S. 13).

Ferner stellten unter Berücksichtigung der mit dem Wüstungsquotienten[275] errechneten Quantitäten vielfach die ältesten und somit normalerweise auch größten Dörfer in den Altsiedellandschaften bzw. den Regionen mit höherer Bodengüte und/oder den günstigsten naturräumlichen Bedingungen, wenn überhaupt, so die letzten beim spätmittelalterlichen Wüstungsprozess erfassten Ortschaften dar.[276]

Dies korreliert mit der Beobachtung, dass die hochmittelalterlichen Rodungs- und Ausbausiedlungen in den „Grenz-" oder Mittelgebirgslagen deutlich häufiger aufgelassen wurden[277] als die mittlerweile resistenteren Dörfer in den siedlungsgünstigeren Regionen, welche vielleicht noch bei der hochmittelalterlichen Wüstungs- und Kulturlandschaftsmutationsphase viel stärker betroffen gewesen waren.[278]

Anders gesagt, „unverkennbar ist [...] eine gewisse Bindung der Intensität der Wüstungsvorgänge an naturgeographische Gegebenheiten"[279]. Aber warum? Noch mal, „die wichtigste Ursache der Entsiedelungsvorgänge des Spätmittelalters war zweifellos der starke Rückgang der Bevölkerung"[280]. Und der übrig gebliebene Teil füllte erst einmal

---

275 Siehe Kapitel 3.

276 Zu diesen Zusammenhängen siehe die Verweise bei: Jäger 1967b, Anm. 1. Eine gegenteilige, etwas verwunderliche Feststellung machte aber beispielsweise Hauke Kenzler bei den mittelalterlichen Dorfwüstungen des Erzgebirges (Kenzler 2011, S. 279), wo „auffälligerweise im ackerbaugünstigen Flachland Nordwestsachsens viel mehr Dörfer betroffen [waren] als im Gebirge" und die „Kartierung der Wüstungen [...] zusammen mit der Bodengüte [...] keine bevorzugte Aufgabe schlechterer Standorte [zeigt]".

277 So kam Peter Rückert für Franken zu dem Ergebnis (Rückert 1990, S. 143), dass „die hochmittelalterlichen Ausbauorte [...] zu dem herausragenden Anteil von etwa 78 % die späteren Wüstungen [stellen]". Gleiche Beobachtungen machten andernorts beispielsweise: Sprandel 2009, S. 119. – Rösener 2010a, S. 65; S. 75. Diese Tatsache erkannte auch bereits: Pohlendt 1950a, S. 37.

278 Vgl.: Born 1979, S. 54f. Siehe dazu auch die Ausführungen bezüglich der Quantitäten in Kapitel 3.

279 Born 1980b, S. 199. Allerdings schon 10 Jahre vorher erstpubliziert in: Born 1970.

280 Rösener 2010a, S. 72.

vorrangig die Siedlungsstellen mit den günstigeren Bedingungen wieder auf bzw. verließ Landstriche mit vergleichsweise nachteiligeren Konditionen zugunsten „freier Plätze“ in besseren Lagen. Ausgehend von diesem grundlegenden „Push“- und „Pull“-Parameter suchte die Forschung nun weitere strukturelle, kanalisierende oder beschleunigendere Faktoren.

Agrarkrise?

Man kommt bei einer Übersicht des Themas nicht umhin, das jahrzehntelang in Deutschland populärste Modell zur Wüstungskausalität des Spätmittelalters vorzustellen. Dabei handelt es sich um die sogenannte Agrarkrisentheorie, 1943 von Wilhelm Abel erstmals präsentiert und 1955 wie 1976 in den beiden Folgeauflagen seines die deutsche Wüstungsforschung nachhaltig prägenden Buches weiterhin ausformuliert.[281]

Letztlich konstatierte er hier auf den Vorarbeiten Alfred Grunds von 1901[282] aufbauend[283] eine Beziehung zwischen „negativer“ Bevölkerungsentwicklung und sinkenden Agrarproduktpreisen wegen fehlender Nachfrage und zu großen Überschüssen bei gleichzeitig steigenden Lohnkosten aufgrund des Arbeitskräftemangels sowie Preiserhöhungen städtischer Handwerkserzeugnisse.

---

281 Vgl.: Abel 1943, S. 78ff. – Abel 1955, S. 93ff. – Abel 1976, S. 103ff. Ausführlich behandelt auch in: Abel 1978a, S. 27ff. – Abel 1978b, S. 112ff. Eine Mischung aus Inhaltsbeschreibung und Rezension der ersten Auflage findet sich ein Jahr später bereits bei: Mortensen 1944, S. 202ff. Ferner sogleich rezensiert von: Koerner 1943. Die Zweitauflage betreffend: Scharlau 1956.

282 Vgl.: Grund 1901.

283 Vgl.: Mortensen 1944, S. 201. – Jäger 1979, S. 198.

Angesichts dieser drastischen Preisschere und dem rapide gesunkenen Lebensstandard seien Massen der vormals in der nun nicht mehr auskömmlichen Agrarwirtschaft tätigen Landbevölkerung in die Städte geflüchtet, was wiederum zu großen Teilen für die zahlreichen spätmittelalterlichen Wüstungen verantwortlich gewesen sei.

Seine viel diskutierte realwirtschaftliche These fand Zuspruch und Ablehnung gleichermaßen,[284] wobei „Abel fast ausschließlich in Deutschland nachwirkt und aufgrund seiner deutschsprachigen Veröffentlichungen im angelsächsischen Raum kaum rezipiert wird“[285]. Mittlerweile ist die „Agrarkrisentheorie“ aber „in ihrer stringenten und universellen Form als Erklärung erheblich zu relativieren, behält jedoch für die vordringlichen Regionalstudien ihren heuristischen Wert [Anm. d. Verf.: =besser geht´s ohne übertriebenen Aufwand und mit den vorhandenen Mitteln nicht]“[286].

---

284 Eine der wohl direktesten Kritiken (mit politischem Unterton) schrieb Jürgen Kuczynski (Kuczynski 1963, S. 289): „So trefflich die Tatsachenzusammenstellungen bei Abel sind, so falsch sind seine Erklärungen von Tatsachenzusammenhängen.“ Er sah Teile von Abels Formulierungen gar als „eine Theorie, die einer auf den Kopf gestellten Wahrheit recht nahe kommt“ (Kuczynski 1963, S. 295). Zur Rezeption siehe auch die Angaben bei: Rösener 2010a, S. 66f.; Anm. 43. Die (erst einmal) überwiegende Akzeptanz seitens der meisten Kollegen formulierte etwa Martin Born (Born 1974b, S. 23) folgendermaßen: „Über die Ursachen der spätmittelalterlichen Wüstungsperiode erbrachten die Untersuchungen des Wirtschaftshistorikers W. Abel (1955) Klarheit.“

285 North 2007, S. 362.

286 Jäger 2003, S. 389. 1979 sah Helmut Jäger die Abel‘sche Agrarkrisentheorie im Übrigen noch als „umfassendste, in ihrer Geschlossenheit und Begründung überzeugende Erklärung des spätmittelalterlichen Wüstungsvorganges in Mitteleuropa“ (Jäger 1979, S. 198). Werner Rösener war schon 1984 der Auffassung (Rösener 1984, S. 37), dass „zwischen der spätmittelalterlichen Agrardepression und den Wüstungserscheinungen [...] kein so enger Zusammenhang [besteht], wie es in den Arbeiten von Abel zum Ausdruck gebracht wurde“. Interessanterweise vertritt er aber in seinem 1985 erschienenen Standardwerk „Bauern im Mittelalter“ die Meinung, dass die Agrarkrisentheorie Abels immer noch die „plausibelste Erklärung für die komplexen Wüstungsvorgänge des Spätmittelalters“ sei: Rösener 1991 [Anm. d. Verf.: Hier handelt es sich um die vierte, unveränderte Auflage.], S. 257.

Ersteres liegt vor allem daran, dass Wilhelm Abel zu stark pauschalisierte und kleinere Wüstungsperioden sowie -räume unterschiedlicher Zeitstellungen und Kausalitäten ohne hinreichende Differenzierungen zusammenfasste[287] oder wirtschaftliche Mechanismen nach Meinung einiger Fachleute überbewertete[288].

Manche Wissenschaftler gehen gar soweit zu behaupten, dass einige seiner Datengrundlagen „zu einem großen Teil fragwürdig" seien und nicht zuletzt deswegen „die Agrarkrisentheorie Wilhelm Abels [...] auf erheblich schwächeren Füßen [steht], als bisher angenommen wurde"[289]. „Sie verflüchtigt sich nämlich immer dann, wenn man konkret ein Gebiet bearbeitet."[290]

Udo Recker bringt das Dilemma Wilhelm Abels auf den Punkt, denn „in der einerseits zu begrüßenden überregionalen Betrachtung des Problems liegt zugleich die Schwäche der Agrarkrisentheorie, da regionale Abweichungen von vermeintlich allgemeingültigen Entwicklungen oder im Einzelfall begründete Besonderheiten unberücksichtigt bleiben"[291].

Rainer Schreg ist sogar der Ansicht, dass „die chronologische Eingrenzung des spätmittelalterlichen Wüstungsprozesses nicht unproblematisch" sei und „die Wüstungserscheinungen des Spätmittelalters [...] jedoch noch vor der Pest ein[setzen] und [...] nicht mit Abels Agrarkrisentheorie überein[stimmen]"[292] würden. Deshalb fragte er sich, „inwiefern die Pestwellen der Mitte des 14. Jahrhunderts nicht schon durch Krisenerscheinungen in einzelnen Städten be-

287 Vgl.: Jäger 2003, S. 389.

288 Vgl.: Recker 2006, S. 167.

289 Dolle 1994, S. 82f. Hier zu Beginn auch weitere Literaturhinweise bezüglich der Kritik am Abel'schen Modell: Dolle 1994, Anm. 8.

290 Jäger 1987, S. 190.

291 Recker 2006, S. 167.

292 Schreg 2006a, S. 305f.

günstigt wurden und hier ein Zyklus mit Eigendynamik vorliegt“[293].

Schlussendlich ist und bleibt Wilhelm Abels Erklärungsmodell also mit Vorsicht zu genießen, darf bei einem umfassenden Überblick zur Wüstungsforschung aber freilich nicht fehlen.

Fehlsiedlung?

Wilhelm Abel nannte neben seiner primären Hypothese der „Agrarkrisentheorie“ aber noch zwei weitere sekundäre Faktoren. Es sind die beiden ältesten und vor Erscheinen seiner Arbeit auch üblichsten Vorschläge potenzieller Wüstungsursachen, welche seiner Meinung nach aber nur bedingt brauchbare Kausalbündel seien: Dabei handelt es sich einerseits um die mittlerweile als „Fehlsiedlungstheorie“, andererseits um die als „Kriegs-/Fehdetheorie“ bzw. „Feudalkrise“ in die Literatur eingegangenen Ursachenkonvolute.[294]

Erstere sei genau das gewesen, was ihr Titel aussagt, nämlich dass eine Ortschaft ursprünglich an einer naturräumlich ungünstigen Stelle bzw. „im Siedelungseifer [...] zu nahe am Flusse, dort zu dicht am steilen Berghange [...], hier [...] zu tief im wild- und raubtierreichen Forste, dort [...] auf steinigem wasserarmen Boden“[295] gegründet und dann aber verlegt oder wieder verlassen worden wäre.

Warum diese These letztlich kaum mehr beachtenswert ist, zeigt sich später im Zusammenhang mit der mittelalterlichen Klimaentwicklung noch einmal deutlich. Aber schon Kurt Scharlau war zu Beginn der 1930er Jahre diesbezüglich sehr skeptisch[296] und Hans Mortensen kam ebenfalls wenig

293 Ebd., S. 306.

294 Von ihm zuletzt ausführlicher behandelt in: Abel 1976, S. 98ff.

295 Beschorner 1904, S. 5.

296 Vgl.: Scharlau 1933, S. 29.

später zu dem Schluss, dass die Fehlsiedlungstheorie „in dieser einfachen Form der Nachprüfung meist nicht standgehalten“[297] hat.

Denn auch wenn der Begriff ohnehin „diffus und daher wissenschaftlich wertlos“[298] ist, man den mittelalterlichen Zeitgenossen (unsinnigerweise) wirklich eine gewisse Siedlungsnaivität zugestehen und selbst wenn man tatsächlich den Bodenertrag als Maßstab nehmen würde, wären die Menschen ohne den drastischen Bevölkerungsrückgang zum Erhalt der Population und zur Nahrungs- wie Ressourcengewinnung wohl trotzdem auf die Bewirtschaftung von „Grenzregionen“ angewiesen gewesen.

Jedenfalls spiegeln sich hier im besten Fall punktuell eher Resultate anderer Ursachen wider, als dass die Fehlsiedlungstheorie heute noch ernsthaft als eigenständige Wüstungsursache in Betracht gezogen werden könnte. Zukünftig dürfte sie einzig als forschungsgeschichtliche Fußnote in Erinnerung bleiben. Im Übrigen – und diese Tatsache hat mir selbst stets bei der sinnvollen Interpretation und dem Verständnis archäologischer Befunde geholfen – waren die Menschen auch damals normalerweise weder überdurchschnittlich dumm noch weitgehend planlos und wussten meist recht genau, was sie warum tun.

Dafür waren sie aber in der Regel genauso bequem wie wir heute und versuchten ebenfalls, jegliche Tätigkeiten, Planungen oder Arbeitsgänge ohne nutzlosen Mehraufwand effizient, sinnvoll und wirtschaftlich zu gestalten. Und dann ein ganzes Dorf aus Unvernunft oder Unwissen an den falschen Platz zu setzen und dann dort lange genug zu siedeln, dass es Niederschlag in Schrift- oder archäologischen Quellen fand, mag in ganz seltenen Einzelfällen – warum auch immer – tatsächlich passiert sein. Häufig war es garantiert nicht.

---

297 Mortensen 1944, S. 198f.

298 Jäger 1979, S. 202. Hier auch zusammenfassend zu dieser Theorie.

Krieg und Feudalkrise?

In ihrer Kernaussage deutlich unstrittiger, wenn auch in ihrer Quantität weiterhin diskutiert, ist die sogenannte Kriegstheorie. Diese unterstellt dem späten Mittelalter als zweifellos sehr konflikt-, kriegs- und fehdenreiche Zeitspanne – man denke nur an den Hundertjährigen Krieg zwischen Frankreich und England – eben solche als Auslöser für zahlreiche Wüstungsprozesse.

Im Weltbild der Zeitgenossen dürften derartig abrupte Siedlungszerstörungen tatsächlich eine der wichtigsten und als „gefühlte Wahrheit" vielleicht auch häufigsten Wüstungsursachen dargestellt haben. Sie waren direkt und traumatisch „erlebbar", sind deshalb auch vergleichsweise oft in den Schriftquellen zu fassen. Das scheint plausibel, „da eine solche Zerstörung eines Dorfes eher der Überlieferung wert schien als langsame Abwanderung"[299].

Forschungsgeschichtlich erst überbewertet[300], dann tendenziell doch „nur zu einem geringen Teil an der Entstehung von Wüstungen beteiligt"[301] oder sogar „schon ad acta"[302] gelegt, gesteht man den kriegerischen Auseinandersetzungen mittlerweile je nach Region doch wieder einen erhöhten Stellenwert zu.[303]

Rolf Sprandel war bezüglich seines nordbayerischen Untersuchungsgebietes gar der Meinung, den damit zusammenhängenden und etwas weiter gefassten „Komplex Feudalkrise", in dem „die kleinen und großen Kriege, die Siedlungskonzentrationen um des größeren Schutzes der Bauern willen, der Druck der Vögte und die gesteigerte Abschöpfung der Bauern durch Gruppen des niederen Adels"

299 Sondermann-Fastrich 1993, S. 14.

300 Vgl.: Quirin 1973, S. 205. – Blaschke 1974, S. 55. – Feigl 1983, S. 43. – Rösener 2010a, S. 65. Dazu auch schon: Scharlau 1933, S. 24ff.

301 Jäger 1958, S. 81.

302 Scharlau 1957, S. 82.

303 Beispielsweise in der Studie von: Nitz 1983.

zusammengefasst sind, hier als „wichtigste Ursache für Wüstungen“ benennen zu können.[304]

Unabhängig ihres jeweils zu diskutierenden Einflusses, die im Grunde zeitlose „Kriegstheorie“ greift vor allem auch in Wüstungsperioden vor oder nach der klassischen Phase des Spätmittelalters. Man denke hier nur an diejenige des Dreißigjährigen Krieges (1618–1648), wenngleich man viele der dabei zerstörten Dörfer relativ zügig wieder besiedelte und sie deshalb formell nur als – Sie haben es gelernt – (partielle oder totale) Interimswüstungen[305] bezeichnet werden können.[306]

Natürlich bestätigen auch hier Ausnahmen die Regel, wie beispielsweise die von mir in einem universitären Forschungsprojekt archäologisch untersuchte Wüstung Lindelach in Unterfranken zeigt: Dort baute man nämlich die Gebäude der etwa zwei Dutzend Hofstellen nach ihrer vermeintlichen Zerstörung im Jahr 1631 bis auf zwei erhaltene Mühlen tatsächlich nie wieder auf.[307] Fairerweise muss man aber eingestehen, dass die in den Schriftquellen genannte Brandschatzung des Dorfes oder gar Kriegshandlungen trotz einer archäologisch nachweisbaren Auflassung der Siedlung im 1. Drittel des 17. Jahrhunderts bislang nicht eindeutig mit Befunden belegbar sind. Vielleicht hatten wir damals aber einfach nur an der falschen Stelle gegraben.

Trotzdem besitzt die mainfränkische Siedlung Lindelach als Wüstung des Dreißigjährigen Krieges Seltenheitswert, weil es „angesichts der Zerstörungen [...] als erstaunlich bezeichnet werden [darf], dass [Anm. d. Verf.: normalerweise] nahezu alle ruinierten Siedlungen wiederaufgebaut worden sind“[308] und

---

304 Vgl.: Sprandel 2009, S. 123.

305 Siehe dazu Kapitel 2.

306 Vgl.: Schlüter 1903, S. 207. – Pohlendt 1950a, S. 27. – Mortensen 1964, S. 234. – Troßbach/Zimmermann 2006, S. 105.

307 Ausführlich dazu: Michl 2017.

308 Oelke 2005, S. 5. Hier auch mit einer seltenen Regionalstudie (in diesem Fall zu Sachsen-Anhalt) über die siedlungsgeografischen Auswir-

nur wenige Plätze gänzlich wüst blieben.[309] Dieser Einstellung folgte Roderich Machann – zumindest für den Steigerwald, in dessen Naturraum sich Lindelach befand – mit seiner These, dass Fehden und Kriege als Ursache trotzdem „nur für einzelne Wüstungen gelten können“[310]. Ähnlich sah es Erwin Riedenauer für jene Region zwischen Main und Steigerwald, denn ob im weiteren Untersuchungsgebiet „im späten Mittelalter Dauerwüstungen in Analogie zu Lindelach [!], Obersambach und vermutlich Kleinschönfeld in größerer Zahl auf kriegerische Ereignisse zurückzuführen sind, muss offen bleiben“[311].

Im Übrigen nannte Erwin Riedenauer Lindelach eine „Konzentrationswüstung“[312], was einmal ganz grundsätzlich die Einordnungsproblematik von Wüstungsursachen zeigt: Denn greift hier statistisch gesehen eher eine „Siedlungskonzentrationstheorie“ mit einer kriegerisch erzwungenen Vertreibung als Auslöser für den (nachweisbaren) Wegzug der Bewohner in die nahe gelegene Stadt Gerolzhofen? Oder aber doch die „Kriegstheorie“ wegen einer vermeintlich gewaltsamen und direkten Zerstörung des Dorfes? Schwierig.

Doch zurück zum großen Ganzen und weg von der Mikrobetrachtung und dem zweifellos spannenden Dorf Lindelach: Für den Dreißigjährigen Krieg im Allgemeinen ist sicherlich das Phänomen erwähnenswert, dass „in den Hauptschadensgebie-

---

kungen des Dreißigjährigen Krieges. Karlheinz Blaschke machte in Sachsen ebenfalls die Beobachtung (Blaschke 1962, S. 428), dass nach dem Dreißigjährigen Krieg bis auf „ganze drei Dörfer […] alle übrigen wieder in der gleichen Form wie früher aufgebaut wurden“.

309 Auch aus rein siedlungsarchäologischer Sicht ist Lindelach übrigens eine Rarität, denn fachmännische archäologische und gleichsam ausgewertete Ausgrabungen in (Teilen) einer Dorfwüstung des Dreißigjährigen Krieges sind (fast) nicht existent. Eine der wenigen mir bekannten Ausnahmen bildet die in Sachsen-Anhalt liegende Wüstung Goldberg, die im Gegensatz zu Lindelach aber bis heute nur in kurzen Vorberichten präsentiert wurde: Paddenberg 2015. – Thoma/Paddenberg 2018.

310 Machann 1972, S. 66.

311 Riedenauer 1987, S. 3.

312 Vgl.: Ebd., S. 32.

ten [Anm. d. Verf.: hier in Bezug auf Franken, jedoch sicherlich auf andere Regionen übertragbar] das Ausmaß der Flurwüstungen noch über den Bevölkerungsverlust hinaus“[313] ging.[314]

Klar war und ist aber, dass man die „‚Kriegstheorie‘ [Anm. d. Verf.: egal zu welcher Zeit] in der Tat nicht ohne weiteres in Bausch und Bogen ablehnen dürfen“[315] wird. Das allein schon deshalb, weil bei diesem, wenn nicht immer auslösenden, dann aber doch vielfach einen Regressionsprozess beschleunigenden Konzept nicht nur die Siedlungen selbst, sondern eben auch die Fluren in Form vernichteter Ernten oder verwüsteter Felder betroffen gewesen sein konnten.[316] Und spätestens das bedingte dann wiederum mangels Subsistenz eine Abwanderung der ansässigen Bevölkerung.

Klima- und Umweltkrise?

Das abschließende und gleichsam jüngste Ursachenbündel für die spätmittelalterlichen Wüstungsprozesse entwickelt gerade in den letzten Jahren (wieder) eine gewisse Popularität. Dabei gewichten einige Wissenschaftler klimatische und umweltbedingte Gegebenheiten in Kombination mit der jeweiligen Topografie, der menschlichen Landschafts(um)gestaltung sowie -einwirkung und im Hinblick auf kürzere, mittlere oder längere Zeiträume bei der Wüstungsbildung und -anfälligkeit deutlich stärker.

Nach Rainer Schreg wird die spätmittelalterliche Regressionsphase etwa seit den 1980er Jahren „zunehmend im Kontext

313 Jäger 1967a, S. 132f.

314 In Bezug auf die Bevölkerungsgeschichte während des Dreißigjährigen Krieges nicht uninteressant: Franz 1979. Zu den Auswirkungen in Bezug auf ländliche Siedlungen auch kurz: Troßbach/Zimmermann 2006, S. 104ff.

315 Scharlau 1933, S. 27.

316 Abel 1976, S. 98.

der Mensch-Umwelt-Interaktion gesehen“[317] und er wies erneut unter Berücksichtigung des Klimafaktors auf die bereits von anderen vorher formulierte Idee einer „Umweltkrise“ hin.[318]

So entwickelte beispielsweise ein Team von Fachleuten um den namhaften Geografen, Bodenkundler und Geologen Hans-Rudolf Bork Ende der 1990er Jahre die sogenannte Bodenerosionstheorie. Diese geht bei der Kombination von Landschaftsübernutzung und zeitgenössischen Extremwettererscheinungen davon aus, „daß die exzessiven Bodenerosionsereignisse vor allem in der ersten Hälfte des 14. Jh. das Wüstfallen von Fluren in (seitdem bis heute bewaldeten) Teilen Mitteleuropas mit auslösten“[319]. Jene Prozesse seien daher neben „Agrarkrisen-, Kriegs-, Fehlsiedlungs-, Seuchen- und Klimatheorien“ bei der Wüstungsbildung zu stellen.[320]

Allerdings wurde und wird auch die „Bodenerosionstheorie“ nicht überall gleichermaßen akzeptiert. Helmut Hildebrandt war anhand einer Fallstudie aus Franken etwa der Meinung, dass „in prinzipieller Hinsicht kein Platz für die neue Bodenerosionstheorie als eine weitere nennenswerte oder sogar die hauptsächliche Komponente“ der spätmittelalterlichen Wüstungsperiode sei und „die zu den Ursächlichkeiten der damaligen Entsiedlungsvorgänge bereits vorliegenden Erkenntnisse der Wüstungsforschung [...] im Grundsätzlichen keiner Ergänzung bzw. Korrektur“ bedürfen.[321]

Rainer Schreg bediente sich trotzdem ihrer ohnehin über eine reine Bodenerosion hinausgehenden Theorien. Er veranschaulichte diese Umweltkrisenerscheinung erneut in einer grafischen und meines Erachtens stimmigen Risikospirale

317 Schreg 2011, S. 199.

318 Ebd. Hier sei explizit auf den übergeordneten Tagungsband „Strategien zum Überleben“ des Römisch-Germanischen Zentralmuseums Mainz mit einer Fallstudie „Mittelalter“ in Bezug zu Umweltkrisen hingewiesen: Daim u.a. 2011.

319 Bork u.a. 1998, S. 311.

320 Vgl.: Ebd., S. 249. Siehe dazu auch deren Chronologie des 14. Jahrhunderts ab S. 226.

321 Vgl.: Hildebrandt 2004, S 136.

von Landesausbau versus Wüstungsprozess sowie Umweltbalance contra -ungleichgewicht. Darin setzte er fünf schon 1998 fabelhaft von Hans-Rudolf Bork und Kollegen in einer Wirkungskette skizzierte geosystemische Prozesse einer „Mensch-Umwelt-Spirale – das Bodensyndrom“[322] unter den genannten Aspekten Landesausbau und Wüstungsprozess in einen sich gegebenenfalls wiederholenden Kreislauf.[323]

Er bzw. Hans-Rudolf Bork et al. verwenden hier die Stationen 1) „Geosysteme im ‚Gleichgewichtszustand‘“, 2) „Intensivierung der Landschaftsnutzung“ – also der Landesausbau –, 3) „Destabilisierung des Geosystems“, 4) „Rasche Abnahme der Bevölkerungsdichte“ – also eine Wüstungsphase – und 5) „Restabilisierung des Geosystems“,[324] bis der Kreislauf von neuem beginnt (Abb. 7). Sie schaffen es dadurch gekonnt, die kulturlandschaftlichen und siedlungsräumlichen (Wüstungs-)Prozesse gerade des hohen und späten Mittelalters anschaulich und nachvollziehbar darzustellen.[325]

Auch in einem jüngst publizierten Beitrag stellt Rainer Schreg die Interdependenz von Siedlungsstruktur- und (Kultur-)Landschaftsveränderungen im 11./12. Jahrhundert unter Berücksichtigung bestimmter Faktoren (hier vor allem „Dreifelderwirtschaft“, „Magdalenenflut“ und „Pestwelle“) in Relation mit den spätmittelalterlichen Wüstungsprozessen.[326]

Ein Auslöser sowohl für das hochmittelalterliche Bevölkerungswachstum als auch Katalysator der Krisenerscheinungen des 14. Jahrhunderts war wiederum das Klima: Der

---

322 Vgl.: Bork u. a. 1998, S. 31 ff.; Tab. 2.1. An dieser Stelle danke ich Hans-Rudolf Bork für die unkomplizierte Genehmigung zur Wiedergabe dieser Inhalte auf Abb. 7 sowie weitere hilfreiche Literaturhinweise.

323 Schreg 2011, S. 200 f.; Abb. 1.

324 Ebd. Rainer Schreg übernahm die Formulierungen und Entwicklungsphasen von Hans-Rudolf Bork und Kollegen (Bork u. a. 1998, S. 33; Tab. 2.1), allein bei Punkt 2 fügte er den Stichpunkt „Agrarisierung extensiv genutzter Flachen/Vergetreidung“ hinzu.

325 Siehe dazu auch die zweite Grafik der „Mensch-Umwelt-Spirale“ bei: Bork u. a. 1998, S. 34; Abb. 2.2.

326 Vgl.: Schreg 2020. Siehe insbesondere die Grafik auf S. 245.

Abb. 7 Die Dynamik der „Mensch-Umwelt-Spirale" hinsichtlich geosystemischer Prozesse („das Bodensyndrom") nach Hans-Rudolf Bork und Kollegen (Bork u. a. 1998, S. 33; Tab. 2.1) mit Ergänzung des Krisenszenarios von „Landesausbau" und „Wüstungsprozess" durch Rainer Schreg (Schreg 2011, S. 201; Abb. 1).

Begriff „Kleine Eiszeit" ist mittlerweile dank der globalen Erwärmung auch in größeren Kreisen der Öffentlichkeit bekannt. Er umschreibt das Phänomen von Klimaveränderungen bzw. -schwankungen und eines globalen Abkühlungsprozesses zwischen dem 14./15. und dem 19. Jahrhundert.[327] Dabei sanken „zwischen 1300 und 1600 die Durchschnittstemperatur um ungefähr 1,5 Grad Celsius" und „die Grenze, bis zu der Getreide angebaut werden konnte, um mehr als 160 Meter"[328].

Dem Verhältnis dieser Klimaveränderungen zu den zeitgenössischen Siedlungs- respektive Wüstungsprozessen wird heute ein deutlich größerer Stellenwert beigemessen als noch im 20. Jahrhundert. Dies gilt besonders, wenn man der sichtbaren Regressionsphase des Spätmittelalters die ebenso nachweisbare Zeit eines hochmittelalterlichen Klimaoptimums mit progressiver Bevölkerungsentwicklung, wärmeren Jahreszeiten und intensivem Landesausbau gegenüberstellt.[329] Dieser

327 Dazu bündig: Glaser 2008, S. 195 ff. – Alt/Sirocko 2012. In Bezug auf die mittelalterliche Gesellschaft erwähnenswert: Behringer u. a. 2005.

328 Rösener 2010a, S. 58.

329 Zusammen mit dem Einfluss der Klimafaktoren besonders betont in einem der aktuellsten und trotz Nichtbeachtung der wichtigen Arbeiten von Hans-Rudolf Bork und Kollegen als Grundlagenliteratur empfehlenswertesten Aufsätze zum Phänomen der spätmittelalterlichen Wüstungen von: Rösener 2010a. Außerdem direkt dazu: Rösener 2010b. Zu den kulturhistorischen Entwicklungen dieser beiden Klimaphasen: Sirocko/David 2011. Ebenfalls bündig zu diesen Phasen und der grundsätzlichen Datenerhebung in der Klimatologie: Glaser/Riemann 2009, S. 219 ff.

„Geosysteme im Gleichgewichtszustand“

Entwicklung/Folgen: langsames Bevölkerungswachstum; zunehmender Nahrungsmittelbedarf; geringes Anwachsen der genutzten Flächen durch Rodung

„Intensivierung der Landschaftsnutzung“

Entwicklung/Folgen: beschleunigtes Bevölkerungswachstum; rasch zunehmender Nahrungsmittelbedarf; erhebliche Ausdehnung der Agrarfläche durch Rodung; Agrarisierung extensiv genutzter Flächen/Vergetreidung; Veränderungsdruck führt zu Innovationen und zur Intensivierung der Landschaftsnutzung; gravierende Abnahme des Wald-, Gehölz- und Grünlandanteils

LANDESAUSBAU

„Destabilisierung des Geosystems“

Entwicklung/Folgen: Veränderung der Landschaftswasser- und -stoffbilanzen; vermutlich Zunahme von Witterungsextremen; starker Bodenabtrag, Verringerung der Bodenfruchtbarkeit

„Rasche Abnahme der Bevölkerungsdichte“

Entwicklung/Folgen: Häufung von Missernten; zahlreiche Hungersnöte; beschleunigte und intensivierte Ausbreitung von Seuchen

WÜSTUNGSPROZESS

„Restabilisierung des Geosystems“

Entwicklung/Folgen: Rückgang der Nutzungsintensität und der Ausdehnung agrarisch genutzter Flächen; verminderter Nutzungsdruck erlaubt veränderte Ernährungsgewohnheiten; Stabilisierung der Landschaftsnutzung auf niedrigem Niveau; Stabilisierung der Geosystemfunktionen

Vergleich lässt erstere – also die Zeit des Niedergangs – dann sogar noch viel ausgeprägter wirken.

Während man früher der Meinung war, dass sich „ein unmittelbarer Zusammenhang als alleinige Ursache [...] kaum sicher nachweisen [lässt], da auch viele andere Vorgänge hinter diesem Rückzug stehen können“[330], finden die Umwelt- oder Klimatheorien als beschleunigender Faktor innerhalb der spätmittelalterlichen Wüstungsperiode heute vermehrt Anhänger.

Wilhelm Abel verwarf letztere 1976 noch völlig bzw. billigte den „geographisch-klimatischen Bedingungen nur mitbestimmende Wirkung zu“[331]. Er tat das, weil die Erklärungsversuche von befürwortenden Kollegen nicht überzeugen würden, „obwohl nicht bestritten werden soll, daß gewisse Schwankungen des Klimas auch in historischer Zeit erfolgt sein mögen und sie in anderen Zusammenhängen (Waldgeschichte, Erdaufbau) recht hohe Bedeutung gehabt haben mögen“[332]. Stattdessen betonten er und viele andere Autoren immer wieder, dass „nur durch Einschaltung der natürlichen Bevölkerungsbewegung [...] sich die Tatsache erklären [lässt], daß Gunst und Ungunst der Lage in der Wüstungsperiode bestimmend für den Bestand der Siedlungen wurde“[333].

Obwohl bereits der damalige Forschungsstand den größeren Höhenlagen beispielsweise im alpinen Raum oder in Skandinavien einen erhöhten Wüstungsanfall attestierte und klimatische Bedingungen als Ursache diskutiert wurden und werden,[334] hält die Debatte diesbezüglich – ebenso wie der unbestreitbare Klimawandel – noch an.

---

330 Denecke 1994b, S. 243.

331 Abel 1976, S. 102.

332 Ebd., S. 85.

333 Ebd., S. 102.

334 Feigl 1983, S. 43f. – Jäger 2003, S. 389. – Rösener 2010a, S. 62. Auf die zahlreichen spätmittelalterlichen Wüstungen im alpinen Raum hinweisend mit weiteren Literaturangaben: Bergmann 2007, S. 291. Für Österreich zusammenfassend: Čede 1994, S. 187ff.

Für den schweizerischen Alpenraum behauptete Thomas Bitterli-Waldvogel etwa, dass die Ursache für das Auflassen zumindest einer Alpsiedlung im 14. und 15. Jahrhundert „im allgemeinen nicht das Klima sein [kann]“[335]. Dietrich Denecke war wiederum der Meinung, dass es „auch in Skandinavien [...] wohl weniger die langzeitigen Klimaveränderungen als besonders lokale und mikroklimatische Bedingungen, Höhenlage und Exposition, ozeanische oder höhenklimatische Einflüsse gewesen [sind], die Siedlungsvorstöße oder Rückzüge begünstigten oder sogar verursachten“[336]. Dass die Situation zumindest in Nordosteuropa während der 1. Hälfte des 14. Jahrhunderts aber tatsächlich etwas komplexer ist und die Region scheinbar nicht unter den gleichen Krisenerscheinungen wie Westeuropa litt, legen neuere Forschungsansätze nahe.[337]

Glaubt man hingegen stärker an den Einfluss des Klimas und konzentriert sich wieder auf die Mittelgebirgslandschaften des deutschsprachigen Raumes, so kommt im Übrigen wieder die schon erwähnte Fehlsiedlungstheorie ins Spiel. Denn diese wäre dann allein insofern nichtig, als dass viele während des Hochmittelalters gegründete Siedlungen unter den optimaleren Ausgangsbedingungen ihrer Anfangszeit „durchaus existenzfähig gewesen wären“ und bei gleichbleibenden Klimaverhältnissen vielleicht nicht hätten verlassen werden müssen.[338]

Zusammen mit einem weiteren, besonders in jüngster Zeit durch geowissenschaftliche Forschungen vielfach nachgewiesenen Faktor wirkte die Klimaverschlechterung aber zweifellos als Förderer der Wüstungsbildung. Gerade heute höchst akut, handelt es sich dabei selbstverständlich um die

335 Bitterli-Waldvogel 1998, S. 415.

336 Denecke 1994b, S. 243.

337 Huhtamaa 2020. Anders sah das zumindest für Norwegen noch: North 2007, S. 285.

338 Rösener 2010a, S. 75.

bereits erwähnten, (zu) großen menschlichen Eingriffe in die Landschaft und deren Übernutzung, sprich einer äußerst unausgewogenen „Mensch-Umwelt-Interaktion".

Die hochmittelalterliche Rodungstätigkeit als „stärkste Ausräumung mitteleuropäischer Landschaften der vergangenen 11.000 Jahre"[339] hatte „vielfach die Kapazitätsgrenzen gesprengt"[340] und resultierte in einem historischen Minimum der hiesigen Waldflächen[341]. Dies führte dazu, dass „im 13. Jahrhundert [...] schließlich in weiten Teilen Deutschlands kaum noch Gehölze vorhanden"[342] waren, deutlich – und zwar sehr deutlich – weniger als heute![343]

Ein Fakt, der das oftmals in weiten Teilen der Öffentlichkeit verklärte Bild des vermeintlich romantischen und im Einklang mit der Natur befindlichen Mittelalters bröckeln lässt. Der immense Bedarf am wichtigsten Energieträger und Baustoff Holz führte zu devastierten Landschaften, rauchenden Feuern allerorts, Luftverschmutzung und teilweise enormen Umweltschäden.

Ein großflächiger Kahlschlag in den Wäldern wiederum hatte nach den plausiblen Forschungen einer Gruppe von Wissenschaftlern um den schon genannten Hans-Rudolf Bork gravierende Folgen: Er bewirkte in Kombination mit Klimaveränderungen bzw. -verschlechterungen massive Landschafts- sowie Wasserhaushaltsveränderungen und diese im Gegenzug dann zunehmende Erosion und Bodenverluste.[344] Was schließlich zahlreiche spätmittelalterliche Wüstungsprozesse begünstigte.

---

339 Bork/Müller 2002, S. 14.

340 Rückert 2001, S. 124.

341 Vgl.: Bork u. a. 1998, Abb. 4.6. – Bork u. a. 2001, S. 45. – Bork 2004, S. 24.

342 Bork 2004, S. 22.

343 Während die Oberfläche Mitteleuropas im 6. Jahrhundert nach Christus noch zu mehr als 85 % mit Wald bedeckt gewesen wäre, sei sie bis in das späte 13. Jahrhundert auf unter 15 % gesunken: Bork 2020, S. 22.

344 Ausführlich dazu beispielsweise: Bork u. a. 1998. – Bork u. a. 2001. – Bork/Müller 2002, S. 14 ff. – Bork 2004, S. 22 ff.

Eine Beschäftigung mit der Frage, wie sich die jeweiligen Siedlungskonzepte beim Verzicht auf Raubbau am eigenen Lebensmittelpunkt entwickelt hätten, bleibt freilich rein akademisch. Beobachtet man allerdings unser heutiges Verhalten in vielen Regionen der Erde, fällt ein diesbezüglicher Lerneffekt aus der Geschichte eher bescheiden aus.

Unabhängig vom zweifellos nachteiligen Effekt auf Natur und Umwelt gilt hinsichtlich der (nicht nur historischen) Siedlungslandschaft aber auch hier die Regel der Individualität: Denn „Umweltrisiken und Krisen konnten somit zu Wüstungsfaktoren werden, mussten dies aber nicht zwangsläufig“[345].

Viele Ursachen – eine Wirkung

Schlussendlich endet man im Hinblick auf die (spät)mittelalterliche Wüstungsbildung und in der Gesamtschau fast immer bei einer zu Beginn des Kapitels schon vorweggenommenen Einsicht. Und zwar unabhängig von jeweils vielleicht favorisierten Agrarkrisen, Fehlsiedlungen, Kriegsresultaten, Feudal-, Klima- oder Umweltkrisen.

Langer Satz, aber wichtig: Dass nämlich unter dem Strich – abgesehen von seltenen Einzelschicksalen – normalerweise viele Ursachen, die sich in 1) topografische, 2) klimatische, 3) demografische, 4) militärische, 5) umweltbedingte, 6) politische und/oder 7) wirtschaftliche Faktoren differenzieren lassen, in regional und chronologisch unterschiedlicher Intensität und Reihenfolge an einem Wüstungsprozess beteiligt sein sowie in Wechselwirkung miteinander stehen können.[346]

---

345 Recker 2011, S. 269.

346 Thomas Bitterli-Waldvogel formulierte es – ebenfalls mit der Betonung auf „meistens mehrere, voneinander abhängige Gründe“ – folgendermaßen (Bitterli-Waldvogel 1998, S. 414): „Auf eine Siedlung wirken vier Kräftegruppen – Naturraum, Bevölkerung, Wirtschaft und Technik – in einem ausgewogenen Verhältnis ein. Ändert sich aus irgend einem

Während der „Krisenzeit" des 14./15. Jahrhunderts kulminierten allerdings viele dieser Einzelaspekte[347], was dann in der bis heute die Fantasie anregenden, weil eklatant auffälligen und mit einem geradezu leicht morbid-faszinierenden Beigeschmack versehenen Wüstungsphase des Spätmittelalters resultierte. Und die, so vermutete Helmut Jäger für Europa, „in der Größenordnung von etwa 50.000 bis 60.000 [Anm. d. Verf.: Wüstungen] liegen dürfte"[348]. Was für eine Zahl!

Neben der thematisch ganz grundlegenden und nicht nur für das Mittelalter geltenden Erkenntnis einer „Nichtlinearität von Siedlungsprozessen"[349] brachte es Helmuth Feigl bezüglich der Ursachen indes auf den Punkt, wenn er schrieb, dass „man [...] sich jedenfalls beim Problem der Wüstungsentstehung hüten [soll], eine einzelne Ursache zu sehr in den Vordergrund zu stellen oder gar verallgemeinernd von einer Hauptursache auszugehen"[350].

Paradoxerweise zählte gerade Wilhelm Abel selbst – das Urgestein der deutschen Wüstungsforschung – im Jahr 1978 reichlich Ursachenbündel auf. Er notierte nämlich, dass „viele Forscher, die möglichst sicher zu gehen wünschten, [...] ganze Listen von Wüstungsursachen zusammen[stell-

---

Grunde das Verhältnis, ohne dass ein neues Gleichgewicht gefunden wird, so kann die Siedlung nicht weiterbestehen, und der Wüstungsprozess (Aufgeben eines Standortes) setzt ein." Allerdings sollte meines Erachtens bedacht werden, dass ein solch postuliertes Gleichgewicht auch künstlich in Disbalance – und somit die Siedlung in Existenz – gehalten werden könnte, nur eben mit einem erhöhten und vielleicht unwirtschaftlichen Kräfte- bzw. Ressourcenverbrauch. Hier muss man deshalb auch immer die Intention der Siedlungsgründung und gegebenenfalls -aufrechterhaltung berücksichtigen.

347 Helmut Hildebrandt (Hildebrandt 2004, S. 134) differenzierte korrekterweise auch in „begünstigende Faktoren, auslösende Faktoren, Folgewirkungen bzw. gravierende Begleiterscheinungen, forcierende Faktoren und langfristig konservierende Faktoren".

348 Jäger 1987, S. 189.

349 Schenk 2011, S. 41.

350 Feigl 1983, S. 41.

ten], wobei genannt wurden: Seuchen und Kriege, Brände, Raub und Plündereien, Erdbeben und Überschwemmungen, schlechter Boden, ungünstige Klimaverhältnisse, zerstückelte Felder, der Zwang zur Kooperation (in der Dreifelderwirtschaft) oder auch der Wunsch zur Kooperation in größerer Gemeinschaft (und darum Aufgabe der zu kleinen Gemarkung)“[351].

Man wundert sich ob seiner Meinung, dass „solche Listen [...] im Grunde wenig [besagen]“ und sie „es dem Leser [überlassen], die Widersprüche zu klären und aus der Vielzahl möglicher, vielleicht sogar unwahrscheinlicher Ursachen die wichtigeren oder die entscheidenden herauszusuchen“.[352] Im Grunde ist es aber doch letztlich genau und exakt das, worauf es am Ende einer fachgerechten und wissenschaftlichen Wüstungsforschung ankommt ...

Und selbst wenn man immer noch über die zeitliche Ausdehnung des diesbezüglich weiterhin diskussionsbedürftigen Begriffs „Wüstung“ streiten könnte oder möchte, gilt trotzdem „die im hohen und späten Mittelalter gemachte Erfahrung, daß monokausale Erklärungen des Wüstungsgeschehens nur selten richtig und befriedigend sind, [...] auch für die vor- und frühgeschichtlichen Siedlungen“[353].

---

351 Abel 1978a, S. 95.

352 Ebd.

353 Janssen 1968b, S. 312.

Nº2.
C
D
E
F
G
H
K
I
Y
W
Nº3.
U
L
M
V
P
Nº4.
600'
250'

KAPITEL 5

Wüstungen und ihre Erforschung – Status quo und Perspektiven

Die vorangegangenen Kapitel zur Begriffsklärung (Kapitel 1), Forschungsgeschichte und Terminologie (Kapitel 2), Untersuchungsmethoden und hilfreichen Werkzeugen (Kapitel 3) sowie den Ursachen von insbesondere spätmittelalterlichen Regressionsprozessen (Kapitel 4) haben gezeigt, dass in dem simplen Ausdruck „Wüstung" viel mehr steckt, als man auf den ersten Blick vermuten möchte.

Aus Sicht eines interessierten Heimatforschers oder eines die Funde und Befunde seiner Ausgrabung interpretierenden Archäologen mag es forschungsgeschichtlich oft kaum eine Rolle spielen, wenn der Terminus „Wüstung" bei ihren Fragestellungen vielleicht etwas unreflektiert oder einfach sinngebend für den Untersuchungsort verwendet wird.[354]

Für das höhere Ideal eines Kulturwissenschaftlers, vor allem die übergeordneten Zusammenhänge im Sinne einer (wie auch immer definierten[355]) „histoire totale"[356] – also einer ganzheitlichen, umfassenden und disziplinenübergreifenden Betrachtung der Geschichte – zu verstehen, allerdings schon. Und „daß die Siedlungsgeschichte ohne vorrangige Berücksichtigung der Ergebnisse der Wüstungsforschung nur ‚eine halbe Sache' bleibt", wusste bereits der Historiker Heinz Quirin.[357]

---

354 Im Hinblick auf siedlungsarchäologische Fragestellungen bzw. auf „Wüstungsforschung kontra Dorfkernarchäologie" verweist Rainer Schreg im Übrigen auf die Risiken bei einer zu starken Konzentration auf Ausgrabungen in ersteren bei: Schreg 2006a, S. 350.

355 Die Unschärfe des Begriffs betonend: Brather 2006, S. 78.

356 In diesem Zusammenhang höchst lesenswert mit Vorteilen und Problemfeldern: Schreg 2001, S. 333ff.

357 Quirin 1975, S. 19.

Denn Wüstungen – für sich allein wie aufgezeigt längst ein komplexer Sachverhalt – sind ja wiederum Bestandteil einer noch vielschichtigeren und am Ende jeder vollständigen Siedlungsanalyse stehenden wissenschaftlichen Untersuchung. Nämlich der einer fächerübergreifenden Kulturlandschaftserforschung. Oder einfach gesagt, der weite Blick aufs große Ganze.

Folgen bis heute spürbar

Die Sensibilisierung für „Wüstungen" ist aber besonders in der Mittelalter- und Frühneuzeitforschung deshalb so wichtig, weil gerade die spätmittelalterliche Wüstungsphase im Hinblick auf unsere heutige Kulturlandschaft eine äußerst zentrale Schlüsselrolle spielt.

Die weitreichenden Folgen der damit verbundenen Siedlungsveränderungen – immerhin „das Wüstfallen ganzer Landstriche mitsamt zehntausenden Dörfern"[358] – haben, wenn auch regional ungleich wirkend, maßgeblich zur Ausformung des aktuellen Landschaftsbildes beigetragen.

Obwohl im 15. und 16. Jahrhundert als Antwort auf die spätmittelalterlichen Regressionsprozesse große Transformationen in der ländlichen Siedlungs- und Landschaftsstruktur vonstattengingen,[359] wurden diese nach Meinung von Rainer Schreg bislang vor allem in den archäologischen Wissenschaften viel zu wenig berücksichtigt, „weil die Vorstellung einer Geschichtslosigkeit und weitgehenden Kontinuität des bäuerlichen Alltags den Blick [...] weitgehend versperrte"[360].

358 Bork 2020, S. 38.

359 Knapp zusammengefasst etwa von: Rösener 1996, S. 70 ff.

360 Schreg 2009b, S. 449. Siehe dort (Schreg 2009b, S. 453; Tab. 1) auch die Grafik zu Fragestellungen der Archäologie des ländlichen Raumes im 15./16. Jahrhundert.

Dennoch weist er auf einige bisherige Ergebnisse der historisch-geografischen Forschung bezüglich der spätmittelalterlichen Wüstungsperiode hin[361] und auch Helmut Jäger bemerkte schon 1979, dass zumindest „von Geographen und Historikern immer häufiger und dringlicher die Frage nach ihren Folgen gestellt“[362] werden würde.

Wiese, Weide, Wald

Das sichtbarste und bereits früh von der Wissenschaft wahrgenommene Resultat der spätmittelalterlichen Wüstungsperiode bestand in einer großflächigen Veränderung der Bodennutzung vieler Flurwüstungen und Wüstungsfluren[363] bzw. einer merkbaren Wandlung des Siedlungs- und Flurgefüges:[364] Einerseits passierte dies in Form der planmäßigen oder schleichenden Wiederbewaldung vieler Flächen respektive der Ausdehnung von Forsten[365], was im Übrigen wiederum eine Vermehrung des Wildbestandes begünstigte.

Einige Experten gehen gar davon aus, dass sich der Waldanteil in Deutschland nach 1350 verdreifachte[366] und dessen Bäume noch „unmittelbar vor dem Dreißigjährigen Krieg nur mehr etwa 30% der Fläche des heutigen Deutschland“ bedeckten, woran sich bis heute im Großen und Ganzen nichts geändert hat[367].

Andererseits wandelte sich die Landschaftsnutzung nach der Wüstungsphase des 14. und 15. Jahrhunderts mit der häu-

361 Vgl.: Ebd., S. 450.

362 Jäger 1979, S. 213.

363 Zu den Begriffen siehe Kapitel 1 und 2.

364 Vgl.: Jäger 1979, S. 213ff.

365 Vgl.: Jäger 2003, S. 390. Erwähnt beispielsweise auch von: Nekuda 1994, S. 109. Dazu ferner: Jäger 1979, S. 216f.

366 Vgl.: Bork 2006, S. 182.

367 Ebd., S. 167.

figen Extensivierung von Agrarflächen, also der im Vergleich zum Vorzustand normalerweise weniger intensiven Bewirtschaftung oder Inanspruchnahme der Grundstücke.

Dies geschah entweder durch eine a) Transformation hin zu Weideland für Schafe zur Woll- und/oder Rinder zur Fleischproduktion, b) einer Nutzung als Wiesen für die Heugewinung oder aber c) mit deren Umwandlung von Getreide- zu Sonderkulturflächen,[368] beispielsweise für Wein, Obst, Hopfen, Flachs oder andere Nutzpflanzen[369]. Letzteres ist freilich nicht automatisch eine Agrarflächenextensivierung im klassischen Sinne, da manchmal ja sogar aufwendiger als Getreideanbau. Der Fokus liegt hier eher auf dem Charakteristikum der Flurumnutzung. Als „letzte“, dann wieder eindeutige und umfassendste Extensivierungsstufe ehemaliger Felder gilt dann d) die bereits erwähnte Wiederbewaldung.

Bezüglich der Extensivierungsprozesse selbst fehlen aber leider oft die nötigen Quellen und „man kennt genauer nur die Endstationen der Prozesse, die Weide und den Wald, viel weniger die Zwischenstationen, die es sicher auch noch zwischen dem vollgenutzten Acker und der extensiv genutzten Weide gab“[370].

Durch die großen Populationsverluste des Spätmittelalters ergaben sich hingegen vielfach nicht nur Nutzungs-, sondern auch Eigentumsverschiebungen der jeweiligen Ländereien, was ebenfalls langfristige Auswirkungen auf und Eingriffe in das Landschaftsbild haben konnte.[371]

---

368 Vgl.: Grees 1968, S. 53ff. – Abel 1978b, S. 128ff.

369 Vgl.: Sprandel 2009, S. 126ff. Als Veränderungen der Bodennutzung bereits wahrgenommen von: Abel 1976, S. 50ff. Er war der Meinung, dass es „die Regel war, daß für wüstgewordene Äcker eine andere Nutzung gesucht und gefunden wurde“.

370 Abel 1976, S. 64.

371 Dazu unter anderem: Jäger 1979, S. 217f. Allerdings blieben Eigentumsverhältnisse zuweilen auch konstant und beispielsweise ehemalige, ihrer Behausungsfunktion beraubte „Wohn“-Parzellen weiterhin im Besitz ihrer einstigen Bewohner, die man dann etwa als Gärten weiter nutzte. Auf das Festhalten von Nutzungsrechten weist auch hin: Denecke 1985, S. 26. – Denecke 2005a, S. 75.

Unmittelbar mit der vielerorts gesteigerten Weidewirtschaft und der deutlich geringeren Bevölkerungszahl wandelten sich nun auch die Ernährungsgewohnheiten der Menschen hin zu jetzt wieder stark erhöhtem, da günstiger gewordenem Fleischkonsum.[372] Manchen (allerdings sehr abenteuerlich wirkenden) Zahlen zufolge soll dieser gar „zeitweise wohl auf deutlich mehr als zwei Pfund Fleisch und Wurst pro Person und Tag" gestiegen sein![373]

Neuordnung der Landschaft

Doch zurück zu einer kartografischen Perspektive: Grundsätzlich wurden durch die spätmittelalterlichen Wüstungserscheinungen aus siedlungsgeografischer Sicht „Standorte des mittelalterlichen Siedlungsnetzes selektiert, nicht aber Siedlungsräume größeren Ausmaßes verödet oder entvölkert"[374].

„Daß Regressionsprozesse sehr häufig an Umstrukturierungen des Siedlungsgefüges gebunden waren und nicht nur einen einseitigen, wie auch immer begründeten Siedlungsverlust darstellen"[375], wird also besonders an der klassischen Wüstungsphase des Spätmittelalters und den anschließenden Neuordnungen der Landschaft[376] deutlich.

372 Beispielsweise thematisiert bei: Abel 1978b, S. 124f.

373 Bork u. a. 2011, S. 241. Sie verweisen hier auf eine Arbeit (Bork 2006, S. 182), in der wiederum Zahlen Wilhelm Abels (Abel 1978a, S. 78) für das Berlin des ausgehenden 14. Jahrhunderts als Grundlage für diese Aussagen verwendet werden.

374 Wenzel 1990, S. 293.

375 Denecke 1985, S. 22. – Denecke 2005a, S. 71.

376 Dazu besonders: Schreg 2009b, S. 452ff. Ebenso zusammengestellt bei: Schreg 2011, S. 203ff; Tab. 1. Als weiterer Faktor der frühneuzeitlichen Landschaftsneustrukturierung wird hier korrekterweise der Bedeutungsverlust von Burgen und Klöstern als ehemalige Mittelpunkte ländlicher Siedlungskammern genannt. Walter Janssen ging schon 1975 so weit (Janssen 1975, S. 241f.), auch die Säkularisation in seinem damaligen Untersuchungsgebiet (fränkisches Altsiedelland zwischen

Deren Resultate bestanden oftmals bis in die Gegenwart bzw. das 20. Jahrhundert.[377]

Während der frühen Neuzeit wuchs die Bevölkerung wieder langsam an, was erneut zu einem immerhin punktuellen Landesausbau in ehemals aufgegebenen Regionen und einer partiellen Wiederbesiedlung spätmittelalterlicher Wüstungsflächen führte.[378]

Beispielsweise wurden „im Weserbergland und weiter nach Süden bis in die Rhön [...] seit der Mitte des 15. Jh. Wüstungen neu besiedelt, Wüstungsfluren gerodet und daneben Siedlungen aus wilder Wurzel angelegt" und es „entstanden während des 16. Jh. unsere heutigen Großdörfer mit den großen Gewannfluren"[379]. Für das fränkische Gäuland stellte etwa Peter Rückert fest, dass das dortige „Siedlungsbild zu Beginn der Neuzeit mit dem heutigen beinahe identisch [Anm. d. Verf.: ist] und [...] die entscheidende Bedeutung von Landesausbau und Wüstungen im hohen und späten Mittelalter für die Genese der mainfränkischen Kulturlandschaft" unterstreicht.[380]

Diese historisch gewachsene Kulturlandschaft erfuhr in Deutschland schließlich ihren letzten großen und stellenweise sehr rücksichtslosen Eingriff durch die weitreichenden Flurbereinigungs- (Westdeutschland), aber auch Kollektivierungsmaßnahmen (Ostdeutschland) des 20. Jahrhunderts.[381]

Rhein, Mosel und Eifelnordrand) als eine Wüstungsursache „sui generis" zu bezeichnen.

377 Vgl.: Jäger 1958, S. 100. Auch Hermann Grees betont die Auswirkungen von Flurwüstungsprozessen auf die Grundbesitzverteilung durch Zusammenlegungen, Feldlehen/-leihen oder Allmendevergrößerungen: Grees 1968, S. 58 ff.

378 Vgl. etwa: Rösener 1996, S. 70 f. – Schreg 2006a, S. 32. Zur frühneuzeitlichen Ausbauperiode schon: Born 1974a. Erneut publiziert und hier genutzt bei: Born 1980c.

379 Jäger 1958, S. 99 f.

380 Rückert 1990, S. 143. Fast identischer Wortlaut auch bei: Rückert 1994, S. 173.

381 Kurz zusammengefasst von: Bork 2020, S. 189 ff.; S. 195 f.

Dabei beseitigte man zahlreiche kleinteilige Parzellierungen, historische Wegesysteme, Naturelemente, Bodendenkmäler und eben auch viele bis dahin noch vorhandene Spuren vergangener Siedlungen. Allein ein flüchtiger Vergleich zwischen heutigen Karten und den Uraufnahmen des 19. Jahrhunderts – erwähntermaßen eine ganz wichtige Erkenntnisquelle – macht diesen Verlust bzw. die gravierenden Veränderungen in der Landschaft deutlich. Doch es waren weder die ersten noch die letzten Transformationsprozesse in unserer Umwelt. Landschaft war, ist und bleibt im Wandel – gestern, heute und morgen –, besonders wenn das Wort „Kultur“ davorsteht.

Leibeigenschaft, Flächennutzung und Moderne

Der Historiker Rolf Sprandel sieht zwei andere, vor allem gesellschaftliche Auswirkungen der spätmittelalterlichen Wüstungsphase hingegen als viel bedeutsamer an: Zum einen sei dies eine durch die Landflucht verursachte „Ausdehnung und Abstützung des Städtewesens in einer demographisch höchst kritischen Zeit“, zum anderen die „Entstehung“ oder zumindest starke Festigung der Leibeigenschaft „aus dem Versuch der Herren, das Abwandern zu verhindern“[382]. Letzteres betonte schon Wilhelm Abel[383] und auch aktuellere Forschungen sehen in der Agrarkrise des späten Mittelalters einen maßgeblichen Faktor zur Verschärfung der frühneuzeitlichen Leibeigenschaft[384].

Sicher ist jedenfalls, dass gerade die Wüstungsperiode des 14. und 15. Jahrhunderts nicht nur aufgrund ihrer Intensität große Beachtung gefunden hat, sondern eben nicht zuletzt

382 Sprandel 2009, S. 128f.

383 Beispielsweise in: Abel 1976, S. 67ff.

384 Vgl.: Goetz 2003, S. 1846f.

wegen ihrer vielfältigen Nachwirkungen bis in unsere heutige Zeit. Die gesellschaftlichen Konsequenzen sollten hier aber nur am Rande erwähnt sein, im Vordergrund dieser Arbeit stehen freilich vor allem die geografisch-kulturräumlichen Faktoren.

Landschaft ist also kontinuierlich im Wandel begriffen und Wüstungen sind nicht nur ein historisches Phänomen. So könnte (oder müsste?) man je nach Definition des Begriffs – ich sprach es zu Beginn des Arbeitsheftes an – beispielsweise auch die nach dem nordamerikanischen Goldrausch in Alaska verlassenen, die in den Braunkohletagebaurevieren devastierten oder die im Zuge der Anlage des Eisernen Vorhangs aufgegebenen Siedlungen letztlich als Wüstungen bezeichnen. Nur eben als jüngere Versionen und – abgesehen vom Beispiel der Goldgräberstädte – meist mit der bereits erwähnten modernen Wüstungsursache eines Flächennutzungskonfliktes.

Im Übrigen war sich Kurt Scharlau dieser Vorgänge in den 1930er Jahren längst bewusst, wollte aber bei Ereignissen wie „Hochwässer, Landverlust an Küsten, Zerstörung durch Erdbeben, Vulkanausbrüche und Bergrutsche oder [...] willkürliche Eingriffe des Menschen, so durch den Bau von Talsperren, die Anlage von Truppenübungsplätzen sowie durch eine aus Zweckmäßigkeitsgründen bedingte Änderung der Dorfform“ nicht von Wüstungen, sondern von „untergegangenen Dörfern“ sprechen.[385] Das Urteil über eine Notwendigkeit zur erneuten Definitionsdiskussion – schon die Geografen konnten in mehreren Jahrzehnten keines fällen – überlasse ich dem Leser.

385 Scharlau 1938, S. 252. Zu Wüstungen im Industriezeitalter respektive während des 19. und 20. Jahrhunderts recht früh beispielsweise: Fehn 1969.

Tourismus und Privateigentum

Zweifellos werden aber künftige Generationen die Gegenwart gleichermaßen nur als – in der Retrospektive vielleicht anders als heute bewertete – Episode in einer „Geschichte der Wüstungen" betrachten. Vor 30 Jahren äußerte sich Helmut Jäger über derartige Entwicklungen beispielsweise dahingehend, dass wenn „im Mittelalter auf den Wüstungsvorgang oft eine neue Inwertsetzung [folgte], etwa durch den Übergang zu intensiver Forstwirtschaft oder erneute Rodungen, so ist es heute in peripheren Räumen, aus denen sich die Landwirtschaft zurückzieht, der Fremdenverkehr, welcher eine neue Nutzungsphase einleitet"[386].

Diese Tendenzen sind in manchen Teilen Deutschlands immer noch oder wieder, manchmal auch erstmals zu beobachten. Gerade der seit dem ausgehenden 19. Jahrhundert bis heute stetig wachsende (Massen-)Tourismus liefert(e) in Kombination mit der immer bequemeren und schnelleren Mobilität der Gesellschaft ein bis dato völlig neues Konzept der Landschaftsnutzung und -bewertung.

Obwohl die Transformation des heutigen ländlichen Raumes ein eigenes, hier nicht zu behandelndes Forschungsfeld ist, sollen zumindest zwei ganz zentrale Kriterien zur aktuellen „Wüstungsbildung" – eigentlich eher „-verhinderung" – erwähnt sein: Anja Reichert-Schick verwies in einem der meines Erachtens innovativeren jüngeren Beiträge zur Wüstungsforschung auf zwei hochinteressante und korrekte Faktoren, die größeren Wüstungs- oder Regressionsprozessen heute entgegenstehen oder wenigstens wegen großer rechtlicher Hürden entgegenwirken würden.[387]

Dabei handelt es sich einerseits um das Charakteristikum des „Privateigentums" und den damit verbundenen (und geschützten) Rechten des Einzelnen, sodass es etwa „relativ unwahrscheinlich" sein dürfte, „dass Häuser tatsächlich auf-

386 Jäger 1987, S. 191.

387 Vgl.: Reichert-Schick 2013, S. 41f.

gegeben werden“[388]. Andererseits betonte sie die mittlerweile erkannte Multifunktionalität des ländlichen Raumes – der eingangs erwähnte Tourismus ist ein gutes Beispiel dafür –, wohingegen im Mittelalter und der frühen Neuzeit dessen „Ausrichtung [...] auf die Land- und Forstwirtschaft als dominante Funktion weitgehend alternativlos erschien“[389].

Dennoch sind in vielen ländlichen Regionen insbesondere Ostdeutschlands die „sterbenden Dörfer“ nach wie vor ein zeitgemäßes Thema. Dementsprechend wird auch die „Wüstungsforschung“ per se und ihr Blick in die Vergangenheit trotz Fokussierung auf das Mittelalter und die frühe Neuzeit nicht an ihrer Aktualität verlieren. Das geheimnisumwobene Mysterium von verschwundenen Ortschaften oder den dann in modernerem Kontext gerne betitelten „Lost Places“ wird seinen Teil zur bleibenden Popularität des Sachverhalts beitragen.

Die Zukunft der Wüstungsforschung

So ändern sich die grundlegenden und in den vorangegangenen Kapiteln ausführlich beschriebenen Aufgaben und Ziele der Wüstungsforschung sowie die jeweiligen Ansätze der beteiligten Fächer auch in Zukunft nicht wesentlich. Allein die dabei genutzten Methoden oder betrachteten Zeithorizonte dürften durch den technologischen, chronologischen und wissenschaftlichen Fortschritt stets Neuerungen erfahren.

Die wenig progressive und lange andauernde Diskussion um Fachterminologie und Definition eines Wüstungsbegriffs – „umstritten sind nicht die Kategorien Orts- und Flurwüstungen, sondern ihre jeweiligen Begriffsinhalte“[390] – brach man erfreulicher- und auch korrekterweise ab. Fast ironisch, dass diese lange Reise am Ende – ein wenig plakativ gespro-

388 Ebd., S. 41.

389 Ebd., S. 41 f.

390 Born 1979, S. 44.

chen – wieder an ihren Anfang zurückführte, nämlich zum Scharlau'schen Wüstungsschema der 1930er Jahre (Abb. 2).

Eine drängende und viel wichtigere Aufgabe der modernen Wüstungsforschung wären mit dem deutlich angewachsenen Forschungsstand – gerade der letzten beiden Jahrzehnte und insbesondere aufgrund der zahlreichen neuen Erkenntnisse von Archäologie, Geophysik und Fernerkundung sowie der fortschreitenden Digitalisierung großer Quellenbestände – vielleicht wieder Versuche der Neuerstellung von Wüstungsverzeichnissen einzelner Regionen.[391] Grundlagenarbeit also, die bei den Ursprüngen der Wüstungsforschung ansetzt.[392] Was dann aber tun mit diesen aufwendig erhobenen Daten?

Ich glaube, dass nach einer solch harten, fast undankbaren Basisarbeit dann wiederum die Synthese jener Einzelstudien erfolgen muss, um siedlungsräumliche und kulturlandschaftliche Untersuchungen überregionaler oder vergleichender Natur anfertigen zu können. Bei dieser „spektakulären" Erkenntnis waren wir allerdings auch schon einmal. Geschichte wiederholt sich bekanntermaßen ...

Das Fazit dieser immens aufwendigen Studien würde aber vermutlich selbst heute noch eine (zu) fragmentarische Daten- bzw. Quellenbasis und Probleme bei chronologischen Differenzierungen von Wüstungsvorgängen beanstanden.

Aus siedlungsarchäologischer Sicht – man verzeihe mir den Rückbezug aufs eigene Fach – verstärkte sich in Deutschland jedenfalls erst in den letzten Jahren die vorsichtige Beschäftigung mit spätmittelalterlich-frühneuzeitlichen Dörfern und Wüstungen. Dementsprechend ist es ist immer noch so, dass „archäologische Beiträge zu Siedlungen des Spätmittelalters [Anm. d. Verf.: und der Folgezeit] fast voll-

391 Man denke hier beispielsweise nur an die jüngere Arbeit von: Bergmann 2015.

392 Rainer Schreg formulierte es jüngst – vielleicht ein wenig zu düster – folgendermaßen (Schreg 2020, S. 241 f.): „Although these late medieval deserted settlements have gained considerable attention in western central Europe, there is to date no detailed register or systematic research beyond the excavation of specific rather small regions."

ständig fehlen“ und gerade „die klassische spätmittelalterliche Wüstungsperiode des 14./15. Jahrhunderts bisher archäologisch nur ungenügend zu erfassen“ ist.[393] Vielmehr gilt dies, allein der deutlich geringeren Quantität wegen, natürlich für die bereits kurz angeschnittenen (Ver-)Wüstungen des Dreißigjährigen Krieges. Und eine ganzheitliche Wüstungsforschung wiederum ist ohne eine starke Siedlungsarchäologie sowieso kaum denkbar oder sinnvoll.

Vielleicht endet manchmal „die Siedlungsgeschichte [...] für den Archäologen mit dem Wüstfallen der untersuchten Siedlungsstelle“[394], für den Historiker zuweilen mit der letzten niedergeschriebenen Schriftquelle und für den Geografen mit – ja, womit eigentlich?

Die Zukunft des modernen Kultur(landschafts)wissenschaftlers bzw. der – einmal sei im Buch bewusst vom generischen Maskulin abgewichen – modernen Kultur(landschafts) wissenschaftlerin liegt aber ohnehin woanders. Und das unabhängig davon, ob sie primär der Geschichtsforschung, der geografischen Schulen oder der archäologischen Wissenschaften verschrieben sind: So hatte die Wüstungsforschung eines nämlich schon ganz früh begriffen und jene drei Kernfächer – in diesem Fall allesamt Hilfswissenschaften – kombiniert. Denn nur eine Zusammenarbeit aller Parteien – neudeutsch „inter-“ oder „multidisziplinär“ – führt zu einem braubaren Ergebnis. Egal wo!

In diesem Sinne blicken Sie – nicht nur in der Wissenschaft, sondern auch im Leben – stets über den Tellerrand und lernen Sie dazu. Wohin der Weg der Wüstungsforschung schließlich führt, ist schwer zu sagen. Doch selbst wenn sie nach der Lektüre dieser kleinen Einführung vielleicht ein wenig an Mystik oder Rätselhaftigkeit verloren hat, eines bleibt sie auch in Zukunft ganz gewiss: spannend!

393 Schreg 2009a, S. 136; S. 163.

394 Denecke 1994a, S. 11.

Literaturverzeichnis

Abel 1943
Wilhelm Abel, Die Wüstungen des ausgehenden Mittelalters. Ein Beitrag zur Siedlungs- und Agrargeschichte Deutschlands. Quellen und Forschungen zur Agrargeschichte 1 (Jena 1943).

Abel 1955
Wilhelm Abel, Die Wüstungen des ausgehenden Mittelalters. Quellen und Forschungen zur Agrargeschichte 1 [2](Stuttgart 1955).

Abel 1966
Wilhelm Abel, Agrarkrisen und Agrarkonjunktur. Eine Geschichte der Land- und Ernährungswirtschaft Mitteleuropas seit dem hohen Mittelalter [2](Hamburg, Berlin 1966).

Abel 1967a
Wilhelm Abel (Hrsg.), Wüstungen in Deutschland. Zeitschrift für Agrargeschichte und Agrarsoziologie. Sonderheft 2 (Frankfurt 1967).

Abel 1967b
Wilhelm Abel, Wüstungen in historischer Sicht. In: Wilhelm Abel (Hrsg.), Wüstungen in Deutschland. Zeitschrift für Agrargeschichte und Agrarsoziologie. Sonderheft 2 (Frankfurt 1967), S. 1–15.

Abel 1976
Wilhelm Abel, Die Wüstungen des ausgehenden Mittelalters. Quellen und Forschungen zur Agrargeschichte 1 [3](Stuttgart 1976).

Abel 1978a
Wilhelm Abel, Agrarkrisen und Agrarkonjunktur. Eine Geschichte der Land- und Ernährungswirtschaft Mitteleuropas seit dem hohen Mittelalter [3](Hamburg, Berlin 1978).

Abel 1978b
Wilhelm Abel, Geschichte der deutschen Landwirtschaft vom frühen Mittelalter bis zum 19. Jahrhundert. Deutsche Agrargeschichte 2 [3](Stuttgart 1978).

Abt 1968
Peter Alexander Abt, Beiträge zur Methodik der topographischen Lokalisation von Ortswüstungen (Zürich 1968).

Albertz 2009
Jörg Albertz, Einführung in die Fernerkundung. Grundlagen der Interpretation von Luft- und Satellitenbildern [4](Darmstadt 2009).

Alt/Sirocko 2012
Kurt W. Alt/Frank Sirocko, Die kleine Eiszeit – Leben und Sterben im Schatten klimatischer Großereignisse. In: Frank Sirocko (Hrsg.), Wetter, Klima, Menschheitsentwicklung. Von der Eiszeit bis ins 21. Jahrhundert [3](Darmstadt 2012), S. 170–175.

Andraschek-Holzer 2009
Ralph Andraschek-Holzer, Dorfansichten der Frühen Neuzeit: Fiktionen oder Quellen? In: Sabine Felgenhauer-Schmiedt/Peter Csendes/Alexandrine Eibner (Hrsg.), Lebenswelten im ländlichen Raum. Siedlung, Infrastruktur und Wirtschaft. Beiträge zur Mittelalterarchäologie in Österreich 25/2009 (Wien 2009), S. 231–258.

Baeriswyl 2009
Armand Baeriswyl, Abschlusskommentar zu den Vorträgen von Sektion 5. Lebensräume und Strukturwandel. In: Barbara Scholkmann/Sören Frommer/Christina Vossler/Markus Wolf (Hrsg.), Zwischen Tradition und Wandel. Archäologie des 15. und 16. Jahrhunderts. Tübinger Forschungen zur historischen Archäologie 3 (Büchenbach 2009), S. 483–484.

Balzer 1994
Manfred Balzer, Spätmittelalterliche Wüstung und Stadtentstehung im östlichen Westfalen. In: Klaus Fehn/Helmut Bender/Klaus Brandt/Dietrich Denecke/Franz Irsigler/Walter Janssen/Wilfried Krings/Michael Müller-Wille/Hans-Jürgen Nitz/Gerhard Oberbeck/Winfried Schich (Hrsg.), Siedlungsforschung. Archäologie – Geschichte – Geographie 12 (Bonn 1994), S. 69–85.

Bauch/Schenk 2020
Martin Bauch/Gerrit Jasper Schenk (Hrsg.), The Crisis of the 14th Century. Teleconnections between Environmental and Societal Change? Das Mittelalter. Perspektiven mediävistischer Forschung. Beiheft 13 (Berlin, Boston 2020). <https://doi.org/10.1515/9783110660784> [06.06.2021].

Behringer u.a. 2005
Wolfgang Behringer/Hartmut Lehmann/Christian Pfister (Hrsg.), Kulturelle Konsequenzen der „Kleinen Eiszeit“. Veröffentlichungen des Max-Planck-Instituts für Geschichte 212 (Göttingen 2005).

Benecke u.a. 2003
Norbert Benecke/Peter Donat/Eike Gringmuth-Dallmer/Ullrich Willerding (Hrsg.), Frühgeschichte der Landwirtschaft in Deutschland. Beiträge zur Ur- und Frühgeschichte Mitteleuropas 14 (Langenweissbach 2003).

Benke 2005
Carsten Benke, Historische Schrumpfungsprozesse: Urbane Krisen und städtische Selbstbehauptung in der Geschichte. In: Norbert Gestring/Herbert Glasauer/Christine Hannemann/Werner Petrowsky/Jörg Pohlan (Hrsg.), Jahrbuch StadtRegion 2004/05. Schwerpunkt: Schrumpfende Städte (Wiesbaden 2005), S. 49–70.

Beresford 1954
Maurice Beresford, The lost Villages of England (London 1954).

Beresford/Hurst 1971
Maurice Beresford/John G. Hurst (Hrsg.), Deserted Medieval Villages. Studies (Guildford, London 1971).

Bergmann 1993
Rudolf Bergmann, Historische Karten als Hilfsmittel für die Wüstungsforschung, dargestellt an Beispielen aus dem Astengebirge und Ostsauerland. In: Rudolf Bergmann, Zwischen Pflug und Fessel Mittelalterliches Landleben im Spiegel der Wüstungsforschung (Münster 1993), S. 19–33.

Bergmann 1994
Rudolf Bergmann, Quellen, Arbeitsverfahren und Fragestellungen der Wüstungsforschung. In: Klaus Fehn/Helmut Bender/Klaus Brandt/Dietrich Denecke/Franz Irsigler/Walter Janssen/Wilfried Krings/Michael Müller-Wille/Hans-Jürgen Nitz/Gerhard Oberbeck/Winfried Schich (Hrsg.), Siedlungsforschung. Archäologie – Geschichte – Geographie 12 (Bonn 1994), S. 35–68.

Bergmann 2001
Rudolf Bergmann, Genetische Siedlungsforschung in der Bundesrepublik Deutschland aus der Sicht der Archäologie des Mittelalters und der Neuzeit. In: Klaus Fehn/Helmut Bender/Klaus Brandt/Dietrich Denecke/Hans-Rudolf Egli/Eike Gringmuth-Dallmer/Franz Irsigler/Michael Müller-Wille/Hans-Jürgen Nitz/Gerhard Oberbeck/Winfried Schenk/Winfried Schich (Hrsg.), Siedlungsforschung. Archäologie – Geschichte – Geographie 19 (Bonn 2001), S. 309–340.

Bergmann 2007
Rolf Bergmann, Wüstung. In: Reallexikon der Germanischen Altertumskunde 34 (Berlin, New York 2007), S. 272–297.

Bergmann 2015
Rudolf Bergmann, Die Wüstungen des Hoch- und Ostsauerlandes. Studien zur Kulturlandschaftsentwicklung in Mittelalter und früher Neuzeit. Bodenaltertümer Westfalens 53 (Darmstadt 2015).

Beschorner 1903
Hans Beschorner, Denkschrift über die Herstellung eines Historischen Ortsverzeichnisses für das Königreich Sachsen (Dresden 1903).

Beschorner 1904
Hans Beschorner, Wüstungsverzeichnisse. Deutsche Geschichtsblätter. Monatsschrift zur Förderung der landeshistorischen Forschung 6/1, 1904, S. 1–15.

Beschorner 1939
Hans Beschorner, Die Wüstungen und ihre Erforschung in Deutschland, besonders in Sachsen. Blätter für deutsche Landesgeschichte 85/3, 1939, S. 180–192.

Bitterli-Waldvogel 1998
Thomas Bitterli-Waldvogel, IV.2. Spätmittelalter und Neuzeit. In: Werner Meyer/Franz Auf der Maur/Werner Bellwald/Thomas Bitterli-Waldvogel/ Philippe Morel/Jakob Obrecht, „Heidenhüttli". 25 Jahre Wüstungsforschung im schweizerischen Alpenraum. Schweizer Beiträge zu Kulturgeschichte und Archäologie des Mittelalters 23/24 (Basel 1998), S. 394–418.

Blaich 2019
Markus C. Blaich, Rezension zu Eike Henning Michl, Ausgrabungen in der Wüstung Lindelach. Ein archäologischer Beitrag zur Siedlungsforschung und Sachkultur des Spätmittelalters und der frühen Neuzeit. Nachrichten aus Niedersachsens Urgeschichte 88, 2019, S. 237–239.

Blaschke 1962
Karlheinz Blaschke, Bevölkerungsgang und Wüstungen in Sachsen während des späten Mittelalters. Jahrbücher für Nationalökonomie und Statistik 174/5, 1962, S. 414–429.

Blaschke 1974
Karlheinz Blaschke, Die Ursachen des spätmittelalterlichen Wüstungsvorganges. Beobachtungen aus Sachsen. In: Ingomar Bog/Günter Franz/Karl-Heinrich Kaufhold/Hermann Kellenbenz/Wolfgang Zorn (Hrsg.), Wirtschaftliche und soziale Strukturen im saekularen Wandel 1. Agrarische Wirtschaft und Gesellschaft in vorindustrieller Zeit. Festschrift für Wilhelm Abel zum 70. Geburtstag. Schriftenreihe für ländliche Sozialfragen 70 (Hannover 1974), S. 55–65.

Blaschke 1988
Karlheinz Blaschke, Leistung und Aufgaben der Siedlungsgeschichte in der Deutschen Demokratischen Republik. In: Klaus Fehn/Klaus Brandt/ Dietrich Denecke/Franz Irsigler (Hrsg.), Genetische Siedlungsforschung in Mitteleuropa und seinen Nachbarräumen (Bonn 1988), S. 163–176.

Bork 2004
Hans-Rudolf Bork, Umweltkatastrophen prägen die Kulturlandschaftsgenese. Die Erkenntnisse der Landschaftsökologie. In: Stephan A. Lütgert/ Förderverein Schöninger Speere – Erbe der Menschheit e.V. (Hrsg.), Zukunft der Vergangenheit? Nachhaltige Inwertsetzung kulturlandschaftlicher Potenziale in marginalisierten Räumen [2](Schöningen 2004), S. 21–26.

Bork 2006
Hans-Rudolf Bork, Landschaften der Erde unter dem Einfluss des Menschen (Darmstadt 2006).

Bork 2020
Hans-Rudolf Bork, Umweltgeschichte Deutschlands (Berlin 2020).

Bork/Müller 2002
Hans-Rudolf Bork/Klaus Müller, Landschaftswandel von 500 bis 2500 n. Chr. In: Reinhard Böcker (Hrsg.), Offenhaltung der Landschaft. Hohenheimer Umwelttagung 33 (Stuttgart 2002), S. 11–26.

Bork u.a. 1998
Hans-Rudolf Bork/Helga Bork/Claus Dalchow/Berno Faust/Hans-Peter Piorr/Thomas Schatz, Landschaftsentwicklung in Mitteleuropa. Wirkungen des Menschen auf Landschaften (Gotha, Stuttgart 1998).

Bork u.a. 2001
Hans-Rudolf Bork/Gabriele Schmidtchen/Markus Dotterweich, Die Wechselwirkungen zwischen Landnutzung und Bodenzerstörung in Mitteleuropa. In: Peter Schauer (Hrsg.), DFG – Graduiertenkolleg 462. „Paläoökosystemforschung und Geschichte". Beiträge zur Siedlungsarchäologie und zum Landschaftswandel. Regensburger Beiträge zur Prähistorischen Archäologie 7 (Regensburg 2001), S. 43–55.

Bork u.a. 2011
Hans-Rudolf Bork/Arno Beyer/Annegret Kranz, Der 1000-jährige Niederschlag des Jahres 1342 und seine Folgen in Mitteleuropa. In: Falko Daim/Detlef Gronenborn/Rainer Schreg (Hrsg.), Strategien zum Überleben. Umweltkrisen und ihre Bewältigung. RGZM – Tagungen 11 (Mainz 2011), S. 231–242.

Born 1968
Martin Born, Wüstungen und Sozialbrache. Erdkunde 22/2, 1968, S. 145–151.

Born 1970
Martin Born, Zur Erforschung der ländlichen Siedlungen. Geographische Rundschau 22, 1970, S. 369–374.

Born 1972
Martin Born, Wüstungsschema und Wüstungsquotient. Erdkunde 26, 1972, S. 208–218.

Born 1974a
Martin Born, Die frühneuzeitliche Ausbauperiode. Bemerkungen zum zeitlichen Ablauf. Berichte zur Deutschen Landeskunde 48, 1974, S. 111–128.

Born 1974b
Martin Born, Die Entwicklung der deutschen Agrarlandschaft. Erträge der Forschung 29 (Darmstadt 1974).

Born 1979
Martin Born, Objektbestimmungen und Periodisierungen als Problem der Wüstungsforschung, dargelegt unter vornehmlichem Bezug auf neuere Untersuchungen. Geographische Zeitschrift 67, 1979, S. 43–60.

Born 1980a
Martin Born, Wüstungen und Sozialbrache. In: Klaus Fehn (Hrsg.), Siedlungsgenese und Kulturlandschaftsentwicklung in Mitteleuropa. Gesammelte Beiträge von Martin Born. Erdkundliches Wissen 53 (Wiesbaden 1980), S. 145–151.

Born 1980b
Martin Born, Zur Erforschung der ländlichen Siedlungen. In: Klaus Fehn (Hrsg.), Siedlungsgenese und Kulturlandschaftsentwicklung in Mitteleuropa. Gesammelte Beiträge von Martin Born. Erdkundliches Wissen 53 (Wiesbaden 1980), S. 196–201.

Born 1980c
Martin Born, Die frühneuzeitliche Ausbauperiode. Bemerkungen zum zeitlichen Ablauf. In: Klaus Fehn (Hrsg.), Siedlungsgenese und Kulturlandschaftsentwicklung in Mitteleuropa. Gesammelte Beiträge von Martin Born. Erdkundliches Wissen 53 (Wiesbaden 1980), S. 353–370.

Bors 1985
Kurt Bors, Zur Ortung von Wüstungen im Gelände. Neue Verfahren in der Wüstungsforschung und ihre Anwendung in Niederösterreich. In: Fritz Felgenhauer (Hrsg.), Beiträge zur Mittelalterarchäologie in Österreich 1 (Wien, Köln, Graz 1985), S. 1–14.

Bors 2007
Kurt Bors, Methodische Erfahrungen in der Ortswüstungsforschung. Die Suche nach verschwundenen mittelalterlichen Dörfern. Beiträge zur Mittelalterarchäologie in Österreich. Beiheft 7 (Wien 2007).

Braasch 1983
Otto Braasch, Luftbildarchäologie in Süddeutschland. Spuren aus römischer Zeit (Stuttgart 1983).

Braasch 1998
Otto Braasch, Archäologische Flugprospektion. In: Jörg Biel/Dieter Klonk (Hrsg.), Handbuch der Grabungstechnik (Stuttgart 1998), Kapitel 26.3.

Brather 2006
Sebastian Brather, Entwicklungen der Siedlungsarchäologie. Auf dem Weg zu einer umfassenden Umwelt- und Landschaftsarchäologie? In: Winfried Schenk/Rudolf Bergmann (Hrsg.), Historische Kulturlandschaftsforschung im Spannungsfeld von älteren Ansätzen und aktuellen Fragestellungen und Methoden. Institutioneller Hintergrund, methodische Ausgangsüberlegungen und inhaltliche Zielsetzungen. Siedlungsforschung. Archäologie – Geschichte – Geographie 24 (Bonn 2006), S. 51–96.

Bulst 2003
Neithard Bulst, Pest. A. Westen. I. Sozial- und Wirtschaftsgeschichte. In: Lexikon des Mittelalters 6 (München 2003), S. 1915–1918.

Buthmann u.a. 2008
Norbert Buthmann/Martin Posselt/Benno Zickgraf, Archäologie im Messbild. Geophysikalische Prospektion archäologischer Fundplätze in Hessen (Rahden, Marburg 2008).

Carver/Klápště 2011
Martin Carver/Jan Klápště (Hrsg.), The Archaeology of Medieval Europe 2. Twelfth to Sixteenth Centuries. Acta Jutlandica. Humanities Series 2011/09 (Aarhus 2011).

Casten 2008
Uwe Casten, Geophysikalische Erkundungsmethoden in der Archäologie. In: Andreas Hauptmann/Volker Pingel (Hrsg.), Archäometrie. Methoden und Anwendungsbeispiele naturwissenschaftlicher Verfahren in der Archäologie (Stuttgart 2008), S. 221–235.

Čede 1994
Peter Čede, Wüstungsperioden und Wüstungsräume in Österreich. In: Klaus Fehn/Helmut Bender/Klaus Brandt/Dietrich Denecke/Franz Irsigler/Walter Janssen/Winfried Krings/Michael Müller-Wille/Hans-Jürgen Nitz/Gerhard Oberbeck/Winfried Schich (Hrsg.), Siedlungsforschung. Archäologie – Geschichte – Geographie 12 (Bonn 1994), S. 185–199.

Chavarria Arnau/Reynolds 2015
Alexandra Chavarria Arnau/Andrew Reynolds (Hrsg.), Detecting and Understanding Historic Landscapes. Post-Classical Archaeologies/Studies 2 (Mantua 2015).

Daim u.a. 2011
Falko Daim/Detlef Gronenborn/Rainer Schreg (Hrsg.), Strategien zum Überleben. Umweltkrisen und ihre Bewältigung. RGZM – Tagungen 11 (Mainz 2011).

Denecke 1972
Dietrich Denecke, Die historisch-geographische Landesaufnahme. Aufgaben, Methoden und Ergebnisse, dargestellt am Beispiel des mittleren und südlichen Leineberglandes. In: Jürgen Hövermann/Gerhard Oberbeck (Hrsg.), Hans-Poser-Festschrift. Göttinger Geographische Arbeiten 60 (Göttingen 1972), S. 401–436.

Denecke 1974
Dietrich Denecke, Die Rekonstruktion wüster Orts- und Hausgrundrisse mit Hilfe des Luftbildes. Methodische Untersuchungen am Beispiel der spätmittelalterlichen Wüstung Moseborn (Gem. Holzerode, Kr. Göttingen). Nachrichten aus Niedersachsens Urgeschichte 43, 1974, S. 69–84.

Denecke 1975
Dietrich Denecke, Historische Siedlungsgeographie und Siedlungsarchäologie des Mittelalters. Fragestellungen, Methoden und Ergebnisse unter dem Gesichtspunkt interdisziplinärer Zusammenarbeit. Zeitschrift für Archäologie des Mittelalters 3, 1975, S. 7–36.

Denecke 1979
Dietrich Denecke, Methoden und Ergebnisse der historisch-geographischen und archäologischen Untersuchung und Rekonstruktion mittelalterlicher Verkehrswege. In: Herbert Jankuhn/Reinhard Wenskus (Hrsg.), Geschichtswissenschaft und Archäologie. Untersuchungen zur Siedlungs-,

Wirtschafts- und Kirchengeschichte. Vorträge und Forschungen 22 (Sigmaringen 1979), S. 433–483.

Denecke 1985
Dietrich Denecke, Wüstungsforschung als siedlungsräumliche Prozeß- und Regressionsforschung. In: Klaus Brandt/Dietrich Denecke/Franz Irsigler/Walter Janssen/Wilfried Krings/Jens Lüning/Michael Müller-Wille/Hans-Jürgen Nitz/Gerhard Oberbeck/Winfried Schich (Hrsg.), Siedlungsforschung. Archäologie – Geschichte – Geographie 3 (Bonn 1985), S. 9–35.

Denecke 1989
Dietrich Denecke, Historisch-siedlungsgeographische Forschungsansätze der Betrachtung räumlicher Prozesse, Systeme und Beziehungsgefüge. In: Dietrich Denecke/Klaus Fehn (Hrsg.), Geographie in der Geschichte (Stuttgart 1989), S. 51–71.

Denecke 1994a
Dietrich Denecke, Wüstungsforschung als kulturlandschafts- und siedlungsgenetische Strukturforschung. In: Klaus Fehn/Helmut Bender/Klaus Brandt/Dietrich Denecke/Franz Irsigler/Walter Janssen/Wilfried Krings/Michael Müller-Wille/Hans-Jürgen Nitz/Gerhard Oberbeck/Winfried Schich (Hrsg.), Siedlungsforschung. Archäologie – Geschichte – Geographie 12 (Bonn 1994), S. 9–34.

Denecke 1994b
Dietrich Denecke, Interdisziplinäre historisch-geographische Umweltforschung: Klima, Gewässer und Böden in Mittelalter und in der frühen Neuzeit. In: Klaus Fehn/Helmut Bender/Klaus Brandt/Dietrich Denecke/Franz Irsigler/Walter Janssen/Wilfried Krings/Michael Müller-Wille/Hans-Jürgen Nitz/Gerhard Oberbeck/Winfried Schich (Hrsg.), Siedlungsforschung. Archäologie – Geschichte – Geographie 12 (Bonn 1994), S. 235–263.

Denecke 2005a
Dietrich Denecke, Wüstungsforschung als siedlungsräumliche Prozess- und Regressionsforschung. In: Klaus Fehn/Anngret Simms (Hrsg.), Dietrich Denecke. Wege der Historischen Geographie und Kulturlandschaftsforschung. Ausgewählte Beiträge (Stuttgart 2005), S. 58–81.

Denecke 2005b
Dietrich Denecke, Historisch-siedlungsgeographische Forschungsansätze der Betrachtung räumlicher Prozesse, Systeme und Beziehungsgefüge. In: Klaus Fehn/Anngret Simms (Hrsg.), Dietrich Denecke. Wege der Historischen Geographie und Kulturlandschaftsforschung. Ausgewählte Beiträge (Stuttgart 2005), S. 36–57.

Denecke 2005c
Dietrich Denecke, Quellen, Methoden, Fragestellungen und Betrachtungsansätze der anwendungsorientierten geographischen Kulturlandschaftsforschung. In: Klaus Fehn/Anngret Simms (Hrsg.), Dietrich Denecke. Wege der Historischen Geographie und Kulturlandschaftsforschung. Ausgewählte Beiträge (Stuttgart 2005), S. 236–255.

Dirlmeier 1988
Ulf Dirlmeier, Historische Umweltforschung aus Sicht der mittelalterlichen Geschichte. In: Klaus Fehn (Hrsg.), Siedlungsforschung. Archäologie – Geschichte – Geographie 6 (Bonn 1988), S. 97–111.

Dolle 1994
Josef Dolle, Zur Theorie einer „spätmittelalterlichen" Agrarkrise. Eine kritische Untersuchung am Beispiel des Altkreises Göttingen. Göttinger Jahrbuch 42, 1994, S. 55–94.

Doneus 2013
Michael Doneus, Die hinterlassene Landschaft – Prospektion und Interpretation in der Landschaftsarchäologie. Mitteilungen der Prähistorischen Kommission 78 (Wien 2013).

Doneus u. a. 2003
Michael Doneus/Rüdiger Schulz/Jörg Lienemann/Heiko Steuer, Prospektionsmethoden. In: Reallexikon der Germanischen Altertumskunde 23 (Berlin, New York 2003), S. 484–507.

Düsterloh 1967
Diethelm Düsterloh, Beiträge zur Kulturgeographie des Niederbergisch-Märkischen Hügellandes. Bergbau und Verhüttung vor 1850 als Elemente der Kulturlandschaft. Hattinger Heimatkundliche Schriften 15 (Hattingen 1967).

Düsterloh 1972
Diethelm Düsterloh, Bergwerks- und Gewerbestättenwüstungen im märkischen Süderbergland. In: Jürgen Hövermann/Gerhard Oberbeck (Hrsg.), Hans-Poser-Festschrift. Göttinger Geographische Abhandlungen 60 (Göttingen 1972), S. 483–508.

Dyer/Jones 2010
Christopher Dyer/Richard Jones (Hrsg.), Deserted Villages revisited. Exploration in Local and Regional History 3 (Hertfordshire 2010).

Faßbinder 2007
Jörg Faßbinder, Unter Acker und Wadi: Magnetometerprospektionen in der Archäologie. In: Günther A. Wagner (Hrsg.), Einführung in die Archäometrie (Heidelberg 2007), S. 53–73.

Fehn 1969
Klaus Fehn, Orts- und Flurwüstungen im europäischen Industriezeitalter. Rheinische Vierteljahrsblätter 33, 1969, S. 197–207.

Fehn 1975a
Klaus Fehn, Extensivierungserscheinungen und Wüstungen. Bemerkungen zu zwei Beiträgen zum Wüstungsschema. Erdkunde 29, 1975, S. 136–141.

Fehn 1975b
Klaus Fehn, Aufgaben der genetischen Siedlungsforschung in Mitteleuropa. Bericht über die 1. Arbeitstagung des Arbeitskreises für genetische Siedlungsforschung in Mitteleuropa vom 1. bis 2. November 1974 in Bonn. Zeitschrift für Archäologie des Mittelalters 3, 1975, S. 69–94.

Fehn 1983
Klaus Fehn, Die historisch-geographische Wüstungsforschung in Mitteleuropa. In: Helmuth Feigl/Andreas Kusternig (Hrsg.), Mittelalterliche Wüstungen in Niederösterreich. Studien und Forschungen aus dem niederösterreichischen Institut für Landeskunde 6 (Wien 1983), S. 1–21.

Fehn u.a. 1994
Klaus Fehn/Helmut Bender/Klaus Brandt/Dietrich Denecke/Franz Irsigler/Walter Janssen/Wilfried Krings/Michael Müller-Wille/Hans-Jürgen Nitz/Gerhard Oberbeck/Winfried Schich (Hrsg.), Siedlungsforschung. Archäologie – Geschichte – Geographie 12 (Bonn 1994).

Fehring 1973
Günter P. Fehring, Zur archäologischen Erforschung mittelalterlicher Dorfsiedlungen in Südwestdeutschland. Zeitschrift für Agrargeschichte und Agrarsoziologie 1/21, 1973, S. 1–35.

Fehring 2000
Günther P. Fehring, Die Archäologie des Mittelalters. Eine Einführung [3](Darmstadt 2000).

Feigl 1983
Helmuth Feigl, Leistungen, Aufgaben und Probleme der landeskundlichen Wüstungsforschung in Niederösterreich. In: Helmuth Feigl/Andreas Kusternig (Hrsg.), Mittelalterliche Wüstungen in Niederösterreich. Studien und Forschungen aus dem niederösterreichischen Institut für Landeskunde 6 (Wien 1983), S. 22–54.

Felgenhauer-Schmiedt 2007
Sabine Felgenhauer-Schmiedt, Vorwort. In: Kurt Bors, Methodische Erfahrungen in der Ortswüstungsforschung. Die Suche nach verschwundenen mittelalterlichen Dörfern. Beiträge zur Mittelalterarchäologie in Österreich. Beiheft 7 (Wien 2007), S. 5.

Felgenhauer-Schmiedt u.a. 2009
Sabine Felgenhauer-Schmiedt/Peter Csendes/Alexandrine Eibner (Hrsg.), Lebenswelten im ländlichen Raum. Siedlung, Infrastruktur und Wirtschaft. Beiträge zur Mittelalterarchäologie in Österreich 25/2009 (Wien 2009).

Focke-Museum 2013
Focke-Museum (Hrsg.), Graben für Germanien. Archäologie unterm Hakenkreuz (Stuttgart 2013).

Fouquet/Zeilinger 2011
Gerhard Fouquet/Gabriel Zeilinger, Katastrophen im Spätmittelalter (Darmstadt, Mainz 2011).

Franz 1979
Günther Franz, Der Dreißigjährige Krieg und das deutsche Volk. Untersuchungen zur Bevölkerungs- und Agrargeschichte. Quellen und Forschungen zur Agrargeschichte 74 (Stuttgart, New York 1979).

Franz 2007
Birgit Franz (Hrsg.), Schrumpfende Städte und Dörfer. Wie überleben unsere Baudenkmale? Veröffentlichung des Arbeitskreises Theorie und Lehre der Denkmalpflege e. V. 16 (Dresden 2007).

Gestring u. a. 2005
Norbert Gestring/Herbert Glasauer/Christine Hannemann/Werner Petrowsky/Jörg Pohlan (Hrsg.), Jahrbuch StadtRegion 2004/05. Schwerpunkt: Schrumpfende Städte (Wiesbaden 2005).

Glaser 2008
Rüdiger Glaser, Klimageschichte Mitteleuropas. 1200 Jahre Wetter, Klima, Katastrophen [2](Darmstadt 2008).

Glaser/Riemann 2009
Rüdiger Glaser/Dirk Riemann, Klimageschichte im späten Mittelalter und in der frühen Neuzeit in Südwestdeutschland im Kontext der mitteleuropäischen Klimaentwicklung. In: Sönke Lorenz/Peter Rückert (Hrsg.), Landnutzung und Landschaftsentwicklung im deutschen Südwesten. Zur Umweltgeschichte im späten Mittelalter und in der frühen Neuzeit. Veröffentlichungen der Kommission für geschichtliche Landeskunde in Baden-Württemberg B/173 (Stuttgart 2009), S. 219–232.

Glaser u. a. 2007
Rüdiger Glaser/Hans Gebhardt/Winfried Schenk, Geographie Deutschlands (Darmstadt 2007).

Goetz 2003
Hans-Werner Goetz, Leibeigenschaft. In: Lexikon des Mittelalters 5 (München 2003), S. 1845–1848.

Graham-Campbell/Valor 2007
James Graham-Campbell/Magdalena Valor (Hrsg.), The Archaeology of Medieval Europe 1. Eighth to Twelfth Centuries AD. Acta Jutlandica LXXXIII:1. Humanities Series 79 (Aarhus 2007).

Grees 1968
Hermann Grees, Die Auswirkung von Wüstungsvorgängen auf die überdauernden Siedlungen. In: Helmut Jäger/Anneliese Krenzlin/Harald Uhlig, Beiträge zur Genese der Siedlungs- und Agrarlandschaft in Europa. Erdkundliches Wissen 18 (Wiesbaden 1968), S. 50–66.

Grimm 1939
Paul Grimm, Hohenrode. Eine mittelalterliche Siedlung im Südharz. Veröffentlichungen der Landesanstalt für Volksheilkunde zu Halle 11 (Halle 1939).

Grimm 1966
Paul Grimm, Der Beitrag der Archäologie für die Erforschung des Mittelalters. In: Heinz A. Knorr (Hrsg.), Probleme des frühen Mittelalters in archäologischer und historischer Sicht (Berlin 1966), S. 39–74.

Gringmuth-Dallmer 1986
Eike Gringmuth-Dallmer, Zum Gegenstand und den Methoden der Wüstungsforschung. Urgeschichte und Heimatforschung 28, 1986, S. 4–15.

Gringmuth-Dallmer 1992
Eike Gringmuth-Dallmer, Landesausbau und Wüstungsgeschehen. In: Hansjürgen Brachmann/Heinz-Joachim Vogt (Hrsg.), Mensch und Umwelt. Studien zum Siedlungsausgriff und Landesausbau in Ur- und Frühgeschichte (Berlin 1992), S. 209–217.

Gringmuth-Dallmer 2003
Eike Gringmuth-Dallmer, Wüstung. I. Archäologie. In: Lexikon des Mittelalters 9 (München 2003), S. 384–386.

Gringmuth-Dallmer 2009
Eike Gringmuth-Dallmer, Der Wandel der Agrarwirtschaft im hohen Mittelalter. Tradition – Weiterentwicklung – Innovation. In: Sabine Felgenhauer-Schmiedt/Peter Csendes/Alexandrine Eibner (Hrsg.), Lebenswelten im ländlichen Raum. Siedlung, Infrastruktur und Wirtschaft. Beiträge zur Mittelalterarchäologie in Österreich 25/2009 (Wien 2009), S. 109–118.

Gruber 2018
Sabine Gruber, „Dieses Dorf schwand von der Erde hinweg, ohne daß man zu sagen weiß, wie?“ Verschwundene Dörfer und das Unheimliche. In: Martin Ehrler/Marc Weiland (Hrsg.), Topographische Leerstellen. Ästhetisierungen verschwindender und verschwundener Dörfer und Landschaften (Bielefeld 2018), S. 187–197.

Grund 1901
Alfred Grund, Die Veränderungen der Topographie im Wiener Walde und Wiener Becken. Geographische Abhandlungen 8/1 (Leipzig 1901).

Guyan 1946
Walter U. Guyan, Die mittelalterlichen Wüstlegungen als archäologisches und geographisches Problem dargelegt an einigen Beispielen aus dem Kanton Schaffhausen. Zeitschrift für schweizerische Geschichte 26/4, 1946, S. 433–478.

Haarberg 1966/1967
Rudolf Haarberg, Haus Nr. 9 in Landsberg und seine Funde. Zeitschrift für hessische Geschichte und Landeskunde 77/78, 1966/1967, S. 94–106.

Haupt 2012
Peter Haupt, Landschaftsarchäologie. Eine Einführung (Darmstadt 2012).

Henkel 1975
Gerhard Henkel, Stand und Aufgaben der modernen Wüstungsforschung. Natur- und Landschaftskunde in Westfalen 11, 1975, S. 97–108.

Hildebrandt 2004
Helmut Hildebrandt, Die spätmittelalterliche Wüstungsperiode aus der Sicht der Bodenerosionstheorie, betrachtet vornehmlich am Beispiel der Wüstung Horb im westlichen Steigerwald. In: Hans Becker/Ingolf Ericsson (Hrsg.), Mittelalterliche Wüstungen im Steigerwald. Bamberger Geographische Schriften Sonderfolge 7 (Bamberg 2004), S. 121–140.

Hildebrandt/Kauder 1993
Helmut Hildebrandt/Birgitt Kauder, Wüstungsvorgänge im westlichen Steigerwald. Untersuchungen zur Kulturlandschaftsgenese im Umfeld der Zisterzienserabtei Ebrach (Würzburg 1993).

Huhtamaa 2020
Heli Huhtamaa, Climate and the Crises of the Early Fourteenth Century in Northeastern Europe. In: Martin Bauch/Gerrit Jasper Schenk (Hrsg.), The Crisis of the 14th Century. Teleconnections between Environmental and Societal Change? Das Mittelalter. Perspektiven mediävistischer Forschung. Beiheft 13 (Berlin, Boston 2020), S. 80–99.

Hurst 1974
John G. Hurst, Wandlungen des mittelalterlichen Dorfes in England. In: Ingomar Bog/Günter Franz/Karl-Heinrich Kaufhold/Hermann Kellenbenz/Wolfgang Zorn (Hrsg.), Wirtschaftliche und soziale Strukturen im saekularen Wandel 1. Agrarische Wirtschaft und Gesellschaft in vorindustrieller Zeit. Festschrift für Wilhelm Abel zum 70. Geburtstag. Schriftenreihe für ländliche Sozialfragen 70 (Hannover 1974), S. 237–262.

Jäger 1953a
Helmut Jäger, Methoden und Ergebnisse siedlungskundlicher Forschung. Zeitschrift für Agrargeschichte und Agrarsoziologie 1, 1953, S. 3–16.

Jäger 1953b
Helmut Jäger, Arbeitsanleitung für die Untersuchung von Wüstungen und Flurwüstungen. Berichte zur Deutschen Landeskunde 12, 1953, S. 15–18.

Jäger 1954
Helmut Jäger, Zur Wüstungs- und Kulturlandschaftsforschung. Erdkunde 8/4, 1954, S. 302–309.

Jäger 1958
Helmut Jäger, Entwicklungsperioden agrarer Siedlungsgebiete im mittleren Westdeutschland seit dem frühen 13. Jahrhundert. Würzburger Geographische Arbeiten 6 (Würzburg 1958).

Jäger 1964
Helmut Jäger, Einige Grundfragen der Wüstungsforschung mit besonderer Berücksichtigung von Mainfranken. In: Julius Büdel (Hrsg.), Neue Fragen der Allgemeinen Geographie. Würzburger Geographische Arbeiten 12 (Würzburg 1964), S. 123–138.

Jäger 1967a
Helmut Jäger, Der Dreißigjährige Krieg und die deutsche Kulturlandschaft. In: Heinz Haushofer/Willi A. Boelcke (Hrsg.), Wege und Forschungen der Agrargeschichte. Festschrift zum 65. Geburtstag von Günther Franz (Frankfurt/Main 1967), S. 130–145.

Jäger 1967b
Helmut Jäger, Dauernde und temporäre Wüstungen in landeskundlicher Sicht. In: Wilhelm Abel (Hrsg.), Wüstungen in Deutschland. Zeitschrift für Agrargeschichte und Agrarsoziologie. Sonderheft 2 (Frankfurt 1967), S. 16–27.

Jäger 1974
Helmut Jäger, Kulturlandschaftswandel durch Wüstungsvorgänge. In: Hermann Grees (Hrsg.), Die europäische Kulturlandschaft im Wandel. Festschrift für Karl Heinz Schröder zum 60. Geburtstag am 17. Juni 1974 (Kiel 1974), S. 33–40.

Jäger 1975
Helmut Jäger, Wüstung und Regression. In: Heinz Quirin (Hrsg.), Wüstung und Regression als Problem der Siedlungsforschung. Tagung des Arbeitskreises für geschichtliche Landeskunde in Würzburg am 28. u. 29.10.1974. Vervielfältigtes Maschinenskript (Würzburg 1975), S. 3–18.

Jäger 1979
Helmut Jäger, Wüstungsforschung in geographischer und historischer Sicht. In: Herbert Jankuhn/Reinhard Wenskus (Hrsg.), Geschichtswissenschaft und Archäologie. Untersuchungen zur Siedlungs-, Wirtschafts- und Kirchengeschichte. Vorträge und Forschungen 22 (Sigmaringen 1979), S. 193–240.

Jäger 1987
Helmut Jäger, Entwicklungsprobleme europäischer Kulturlandschaften. Eine Einführung (Darmstadt 1987).

Jäger 1994
Helmut Jäger, Mittelalterliche Wüstungen im fränkisch-thüringischen Kontaktraum. Probleme der Konstanz und Wandlung kulturlandschaftlicher Strukturen. In: Winfried Schenk/Konrad Schliephake (Hrsg.), Mensch und Umwelt in Franken. Festschrift für Alfred Herold. Würzburger Geographische Arbeiten 89 (Würzburg 1994), S. 149–166.

Jäger 2003
Helmut Jäger, Wüstung. II. Historische Geographie. In: Lexikon des Mittelalters 9 (München 2003), S. 387–390.

Jankuhn 1955
Herbert Jankuhn, Methoden und Probleme siedlungsarchäologischer Forschung. Archaeologia Geographica 4, 1955, S. 73–84.

Jankuhn 1965
Herbert Jankuhn, Siedlungsarchäologie als Forschungsaufgabe. Probleme der Küstenforschung im südlichen Nordseegebiet 8, 1965, S. 1–8.

Jankuhn 1972
Herbert Jankuhn, Methoden und Probleme siedlungsarchäologischer Forschung. In: Ernst Schwarz (Hrsg.), Zur germanischen Stammeskunde. Aufsätze zum neuen Forschungsstand. Wege der Forschung 249 (Darmstadt 1972), S. 229–280.

Jankuhn 1973
Herbert Jankuhn, Umrisse einer Archäologie des Mittelalters. Zeitschrift für Archäologie des Mittelalters 1, 1973, S. 9–19.

Jankuhn 1975
Herbert Jankuhn, Rodung und Wüstung in vor- und frühgeschichtlicher Zeit. In: Walter Schlesinger (Hrsg.), Die deutsche Ostsiedlung des Mittelalters als Problem der europäischen Geschichte. Reichenau-Vorträge 1970–1972. Vorträge und Forschungen 18 (Sigmaringen 1975), S. 79–129.

Jankuhn 1976
Herbert Jankuhn, Archäologie und Geschichte. Vorträge und Aufsätze 1. Beiträge zur siedlungsarchäologischen Forschung (Berlin, New York 1976).

Jankuhn 1977
Herbert Jankuhn, Einführung in die Siedlungsarchäologie (Berlin, New York 1977).

Jankuhn 1979
Herbert Jankuhn, Siedlungsarchäologie als Forschungsmethode. In: Herbert Jankuhn/Reinhard Wenskus (Hrsg.), Untersuchungen zur Siedlungs-, Wirtschafts- und Kirchengeschichte. Vorträge und Forschungen 22 (Sigmaringen 1979), S. 19–43.

Janssen 1968a
Walter Janssen, Methodische Probleme archäologischer Wüstungsforschung. Nachrichten der Akademie der Wissenschaften in Göttingen I/2 (Göttingen 1968).

Janssen 1968b
Walter Janssen, Mittelalterliche Dorfsiedlungen als archäologisches Problem. Frühmittelalterliche Studien 2, 1968, S. 305–367.

Janssen 1969
Walter Janssen, Burg und Siedlung als Probleme der Rheinischen Wüstungsforschung. Château Gaillard 3, 1969, S. 77–89.

Janssen 1975
Walter Janssen, Studien zur Wüstungsfrage im fränkischen Altsiedelland zwischen Rhein, Mosel und Eifelnordrand 1. Beihefte der Bonner Jahrbücher 35 (Köln, Bonn 1975).

Janssen 1979
Walter Janssen, Methoden und Probleme archäologischer Siedlungsforschung. In: Herbert Jankuhn/Reinhard Wenskus (Hrsg.), Untersuchungen zur Siedlungs-, Wirtschafts- und Kirchengeschichte. Vorträge und Forschungen 22 (Sigmaringen 1979), S. 101–191.

Kenzler 2011
Hauke Kenzler, Spätmittelalterliche Wüstungen im Erzgebirge: Auswirkungen einer Krise auf ländliche Siedlungen und den Bergbau. In: Falko Daim/Detlef Gronenborn/Rainer Schreg (Hrsg.), Strategien zum Überleben. Umweltkrisen und ihre Bewältigung. RGZM – Tagungen 11 (Mainz 2011), S. 273–287.

Kenzler 2016
Hauke Kenzler, Prospektion. In: Barbara Scholkmann/Hauke Kenzler/ Rainer Schreg, Archäologie des Mittelalters und der Neuzeit. Grundwissen (Darmstadt 2016), S. 53–59.

Klápště 2011
Jan Klápště, Living on the Land. In: Martin Carver/Jan Klápště (Hrsg.), The Archaeology of Medieval Europe 2. Twelfth to Sixteenth Centuries. Acta Jutlandica. Humanities Series 2011/09 (Aarhus 2011), S. 97–109.

Köbler 1993
Gerhard Köbler, Wörterbuch des althochdeutschen Sprachschatzes (Paderborn, München, Wien, Zürich 1993).

Koerner 1943
Fritz Koerner, Rezension zu Wilhelm Abel, Die Wüstungen des ausgehenden Mittelalters. Zeitschrift des Vereins für Thüringische Geschichte und Altertumskunde 45/NF 37, 1943, S. 389–390.

Krenzlin 1959
Anneliese Krenzlin, Das Wüstungsproblem im Lichte ostdeutscher Siedlungsforschung. Zeitschrift für Agrargeschichte und Agrarsoziologie 7/1, 1959, S. 153–169.

Krenzlin 1979
Anneliese Krenzlin, Die Aussage der Flurkarten zu den Flurformen des Mittelalters. In: Heinrich Beck/Dietrich Denecke/Herbert Jankuhn (Hrsg.), Untersuchungen zur eisenzeitlichen und frühmittelalterlichen Flur in Mitteleuropa und ihrer Nutzung. Bericht über die Kolloquien der Kommission für die Altertumskunde Mittel- und Nordeuropas in den Jahren 1975 und 1976. Abhandlungen der Akademie der Wissenschaften in Göttingen 3/115 (Göttingen 1979), S. 376–409.

Kuczynski 1963
Jürgen Kuczynski, Einige Überlegungen über die Rolle der Natur in der Gesellschaft anläßlich der Lektüre von Abels Buch über Wüstungen. Jahrbuch für Wirtschaftsgeschichte 3, 1963, S. 284–297.

Kühlborn 1989
Johann-Sebastian Kühlborn, Archäologische Luftbildprospektion in Westfalen. In: Bendix Trier (Hrsg.), Archäologie aus der Luft. Sechs Jahre Luftbildarchäologie in Westfalen. Methoden – Ergebnisse – Perspektiven (Münster 1989) S. 7–26.

Küntzel 2008
Thomas Küntzel, Stadtwüstungen des Mittelalters und der Neuzeit. Formen, Ursachen, Perspektiven. In: Angelika Lampen/Armin Owzar (Hrsg.), Schrumpfende Städte. Ein Phänomen zwischen Antike und Moderne. Städteforschung. Veröffentlichungen des Instituts für vergleichende Städtegeschichte in Münster A/76 (Köln, Weimar, Wien 2008), S. 109–144.

Küster 1995
Hansjörg Küster, Geschichte der Landschaft in Mitteleuropa. Von der Eiszeit bis zur Gegenwart (München 1995).

Lampen/Owzar 2008
Angelika Lampen/Armin Owzar (Hrsg.), Schrumpfende Städte. Ein Phänomen zwischen Antike und Moderne. Städteforschung. Veröffentlichungen des Instituts für vergleichende Städtegeschichte in Münster A/76 (Köln, Weimar, Wien 2008).

Landau 1840a
Georg Landau, Der Landsberg und die Burg Rödersen. Zeitschrift des Vereins für hessische Geschichte und Landeskunde 2, 1840, S. 1–37.

Landau 1840b
Georg Landau, Nachträge zu der Abhandlung über den Landsberg. Nebst Grundriß und Situationsplan. Zeitschrift des Vereins für hessische Geschichte und Landeskunde 2, 1840, S. 342–347; 2 Beilagen.

Landau 1858
Georg Landau, Historisch-topographische Beschreibung der wüsten Ortschaften im Kurfürstenthum Hessen und in den großherzoglich hessischen Antheilen am Hessengaue, am Oberlahngaue und am Ittergaue. Zeitschrift des Vereins für hessische Geschichte und Landeskunde. 7. Supplement (Kassel 1858).

Lappe 1916
Josef Lappe, Die Wüstungen der Provinz Westfalen. Einleitung: Die Rechtsgeschichte der wüsten Marken. Veröffentlichungen der Historischen Kommission für die Provinz Westfalen (Münster 1916).

Leidorf 1996
Klaus Leidorf, Luftbildarchäologie – Geschichte und Methode. In: Michael Petzet (Hrsg.), Archäologische Prospektion. Luftbildarchäologie und Geophysik. Arbeitshefte des Bayerischen Landesamtes für Denkmalpflege 59 (München 1996), S. 33–44.

Lienemann 1998
Jörg Lienemann, 7.1 Phosphatkartierungen – Möglichkeiten und Grenzen. In: Jörg Biel/Dieter Klonk (Hrsg.), Handbuch der Grabungstechnik (Stuttgart 1998), Kapitel 7.1.

Lienemann 2001
Jörg Lienemann, Die Phosphatkartierung als Hilfsmittel der Archäologie. Archäologische Berichte aus Mecklenburg-Vorpommern 8, 2001, S. 86–89.

Linke u.a. 1988
Max Linke/Gerhard Narweleit/Wilfried Strenz/Eginhard Wegner, Die Historische Geographie in Lehre und Forschung in der Deutschen Demokratischen Republik. In: Klaus Fehn/Klaus Brandt/Dietrich Denecke/Franz Irsigler (Hrsg.), Genetische Siedlungsforschung in Mitteleuropa und seinen Nachbarräumen (Bonn 1988), S. 177–199.

Lorch 1938
Walter Lorch, Die Mikroschürfung, eine neue Methode der Wüstungsforschung. Zeitschrift für Erdkunde. Neue Folge der Geographischen Wochenschrift 6/1, 1938, S. 177–184.

Lorch 1939
Walter Lorch, Methodische Untersuchungen zur Wüstungsforschung. Arbeiten zur Landes- und Volksforschung 4 (Jena 1939).

Lorra u.a. 1998
Susanne Lorra/Harald Stümpel/Michael Gräber/Dirk Thomsen/Michael Panitzki, Kombinierter Einsatz hochauflösender geophysikalischer Verfahren (Georadar, Geoelektrik und Geomagnetik) in der archäologischen Prospektion. In: Landesdenkmalamt Baden-Württemberg (Hrsg.), Unsichtbares sichtbar machen. Geophysikalische Prospektionsmethoden in der Archäologie. Materialhefte zur Archäologie in Baden-Württemberg 41 (Stuttgart 1998), S. 27–42.

Lück 2000
Erika Lück, Geophysikalische Prospektionsmethoden für die Archäologie. In: Dirk Schumann (Hrsg.), Bauforschung und Archäologie. Stadt- und Siedlungsentwicklung im Spiegel der Baustrukturen (Berlin 2000), S. 364–379.

Lück 2005
Erika Lück, Der Einsatz von Geomagnetik und Geoelektrik in der Archäologie. In: Wolfgang de Bruyn (Hrsg.), Georadar und andere zerstörungsfreie Untersuchungsmethoden von Bodendenkmälern. Grenzen und Möglichkeiten (Neuenhagen 2005), S. 61–79.

Machann 1972
Roderich Machann, Wüstungen im Steigerwald. Mainfränkische Studien 5 (Volkach 1972).

Mackenthun 1950
Gertrud Mackenthun, Die Wüstungen im Kreis Lauterbach (Hessen). Lauterbacher Sammlungen 5 (Lauterbach 1950).

Mangelsdorf 1982
Günter Mangelsdorf, Zum Stand der Wüstungsforschung in der DDR. Jahrbücher für Wirtschaftsgeschichte 23/2, 1982, S. 73–102.

Mangelsdorf 1986
Günter Mangelsdorf, Historisch-archäologische Wüstungsforschung in der DDR. Urgeschichte und Heimatforschung 23, 1986, S. 16–32.

Meier 2006
Thomas Meier, Das Leben auf dem Land. In: Gesellschaft für Archäologie in Bayern e.V. (Hrsg.), Archäologie in Bayern. Fenster zur Vergangenheit (Regensburg 2006), S. 269.

Michl 2017
Eike Henning Michl, Ausgrabungen in der Wüstung Lindelach. Ein archäologischer Beitrag zur Siedlungsforschung und Sachkultur des Spätmittelalters und der frühen Neuzeit. Bamberger Schriften zur Archäologie des Mittelalters und der Neuzeit 7 (Bonn 2017).

Mortensen 1923
Hans Mortensen, Siedlungsgeographie des Samlandes. Forschungen zur deutschen Landes- und Volkskunde 22/4 (Stuttgart 1923).

Mortensen 1944
Hans Mortensen, Zur deutschen Wüstungsforschung. Göttingische Gelehrte Anzeigen 206/7–8, 1944, S. 193–215.

Mortensen 1964
Hans Mortensen, Über „Interimswüstungen“. Berichte zur Deutschen Landeskunde 33, 1964, S. 226–240.

Mortensen/Scharlau 1949
Hans Mortensen/Kurt Scharlau, Der siedlungskundliche Wert der Kartierung von Wüstungsfluren. Nachrichten der Akademie der Wissenschaften in Göttingen I/11 (Göttingen 1949).

Most 1966/1967
Werner Most, Die Stadttopographie. Die Vermessung und ihre Auswertung. Zeitschrift für hessische Geschichte und Landeskunde 77/78, 1966/1967, S. 116–124.

Müller-Wille 1948
Wilhelm Müller-Wille, Zur Genese der Dörfer in der Göttinger Leinetalsenke. Nachrichten der Akademie der Wissenschaften in Göttingen. Philologisch-Historische Klasse 1, 1948, S. 8–18.

Nagel 1981
Franz N. Nagel, Die Entwicklung des Eisenbahn-Netzes in Schleswig-Holstein unter besonderer Berücksichtigung der stillgelegten Strecken. Ein regionaler und methodischer Beitrag zur historisch-geographischen Kulturlandschaftsforschung und zur Landesplanung. Mitteilungen der Geographischen Gesellschaft in Hamburg 71 (Wiesbaden 1981).

Nagel 1986
Franz N. Nagel, Verkehrsweg-Wüstungen in der Kulturlandschaft. Ein methodischer Beitrag zur Wüstungsforschung und zur Industriearchäologie, aufgezeigt an historischen Land- und Wasserwegen in Schleswig-Holstein. In: Klaus Fehn/Klaus Brandt/Dietrich Denecke/Franz Irslinger/Walter Janssen/Wilfried Krings/Jens Lüning/Michael Müller-Wille/Hans-Jürgen Nitz/Gerhard Oberbeck/Winfried Schich (Hrsg.), Siedlungsforschung. Archäologie – Geschichte – Geographie 4 (Bonn 1986), S. 145–170.

Nekuda 1994
Vladimír Nekuda, Ursachen und Folgen der mittelalterlichen Wüstungen dargestellt am Beispiel Mährens. In: Klaus Fehn/Helmut Bender/Klaus Brandt/Dietrich Denecke/Franz Irsigler/Walter Janssen/Wilfried Krings/Michael Müller-Wille/Hans-Jürgen Nitz/Gerhard Oberbeck/Winfried Schich (Hrsg.), Siedlungsforschung. Archäologie – Geschichte – Geographie 12 (Bonn 1994), S. 103–111.

Niemeier 1977
Georg Niemeier, Siedlungsgeographie [4](Braunschweig 1977).

Nitz 1983
Hans-Jürgen Nitz, Spätmittelalterliches Fehdewesen und regionale Wüstungsmassierung. In: Wolfgang Pinkwart (Hrsg.), Genetische Ansätze in der Kulturlandschaftsforschung. Festschrift für Helmut Jäger. Würzburger Geographische Arbeiten 60 (Würzburg 1983), S. 135–154.

Nitz 1988
Hans-Jürgen Nitz, Genetische Siedlungsforschung in der Bundesrepublik Deutschland aus Sicht der Siedlungsgeographie. In: Klaus Fehn/Klaus Brandt/Dietrich Denecke/Franz Irsigler (Hrsg.), Genetische Siedlungsforschung in Mitteleuropa und seinen Nachbarräumen (Bonn 1988), S. 89–124.

North 2007
Michael North, Europa expandiert. 1250–1500. Handbuch der Geschichte Europas 4 (Stuttgart 2007).

Obst 2011
Ralf Obst, Theorie und Praxis der Feld- und Geländebegehung. In: Andreas R. Bräunling/Johannes A. Haidn/Klaus-Josef Notz (Hrsg.), Archäologie im Dachauer Land 2008–2010. Aktionen, Berichte und Forschungsergebnisse des Archäologischen Vereins für Stadt und Landkreis Dachau e.V. (AVSLD) (Dachau 2011), S. 1–33.

Obst 2012
Ralf Obst, Die Besiedlungsgeschichte am nordwestlichen Maindreieck vom Neolithikum bis zum Ende des Mittelalters. Würzburger Arbeiten zur Prähistorischen Archäologie 4 (Rahden 2012).

Oelke 2005
Eckhard Oelke, Über die Wiederbesiedlung des heutigen Sachsen-Anhalt nach dem Dreißigjährigen Krieg (1618–1648). Hercynia. Ökologie und Umwelt in Mitteleuropa 38/1, 2005, S. 5–24.

Paddenberg 2015
Dietlind Paddenberg, Was von Goldberg übrig blieb – Der Dreißigjährige Krieg abseits der großen Schlachtfelder. In: Harald Meller/Michael Schefzik (Hrsg.), Krieg. Eine archäologische Spurensuche (Halle 2015), S. 441–442.

Petzold 2005
Hellfried Petzold, Geophysikalische Untersuchungsmethoden in der Archäologie – Übersicht und Beispiele zum Georadar. In: Wolfgang de Bruyn (Hrsg.), Georadar und andere zerstörungsfreie Untersuchungsmethoden von Bodendenkmälern. Grenzen und Möglichkeiten (Neuenhagen 2005), S. 46–59.

Pohlendt 1950a
Heinz Pohlendt, Die Verbreitung der mittelalterlichen Wüstungen in Deutschland. Göttinger Geographische Abhandlungen 3 (Göttingen 1950).

Pohlendt 1950b
Heinz Pohlendt, Die Intensitätsstufen des mittelalterlichen Wüstungsvorganges im deutschen Raum. Deutscher Geographentag 27/9, 1950, S. 177–191.

Pries 2001
Martin Pries, Von der Wüstungsforschung und Industriearchäologie zur integrierten Kulturlandschaftsforschung. Das Beispiel der Dynamitfabrik Krümmel bei Geesthacht. In: Franz N. Nagel (Hrsg.), Kulturlandschaftsforschung und Industriearchäologie. Ergebnisse der Fachsitzung des 52. Deutschen Geographentags Hamburg. Mitteilungen der Geographischen Gesellschaft in Hamburg 91 (Stuttgart 2001), S. 21–50.

Quirin 1973
Heinz Quirin, Ista villa iacet totaliter desolata. Zum Wüstungsproblem in Forschung und Kartenbild. In: Helmut Beumann (Hrsg.), Festschrift für Walter Schlesinger 1 (Köln, Wien 1973), S. 197–272.

Quirin 1975
Heinz Quirin, Wüstungsvorgänge im Mittelalter (an Beispielen des mitteldeutschen Raumes). In: Heinz Quirin (Hrsg.), Wüstung und Regression als Problem der Siedlungsforschung. Tagung des Arbeitskreises für geschichtliche Landeskunde in Würzburg am 28. u. 29.10.1974. Vervielfältigtes Maschinenskript (Würzburg 1975), S. 19–37.

Recker 2006
Udo Recker, Wüstungsbegriff und Wüstungsforschung im Kontext der interdisziplinären Kulturlandschaftsforschung. In: Winfried Schenk/Rudolf Bergmann (Hrsg.), Historische Kulturlandschaftsforschung im Spannungsfeld von älteren Ansätzen und aktuellen Fragestellungen und Methoden. Institutioneller Hintergrund, methodische Ausgangsüberlegungen und inhaltliche Zielsetzungen. Siedlungsforschung. Archäologie – Geschichte – Geographie 24 (Bonn 2006), S. 163–194.

Recker 2011
Udo Recker, Wüstungserscheinungen im Kontext mittelalterlicher Umweltrisiken und Krisen. In: Falko Daim/Detlef Gronenborn/Rainer Schreg (Hrsg.), Strategien zum Überleben. Umweltkrisen und ihre Bewältigung. RGZM – Tagungen 11 (Mainz 2011), S. 265–272.

Recker 2012
Udo Recker, Archäologische Wüstungsforschung in Mittelhessen im Kontext der interdisziplinären Kulturlandschaftsforschung.
In: Egon Schallmayer (Hrsg.), Neustart. Hessische Landesarchäologie 2001–2011. Konzeption – Themen – Perspektiven. HessenArchäologie. Jahrbuch für Archäologie und Paläontologie in Hessen. Sonderband 2 (Stuttgart 2012), S. 243–249.

Recker u.a. 2006
Udo Recker/Christoph Röder/Claudia Tappert, Multikausale Erklärungsmuster für mittelalterliche und frühneuzeitliche Be- und Entsiedlungsvorgänge im hessischen Mittelgebirgsraum. Die Erforschung der Wüstung „Baumkirchen“, Gemeinde Laubach, Landkreis Gießen, in den Jahren 2004 und 2005. Berichte der Kommission für Archäologische Landesforschung in Hessen 8, 2006, S. 177–213.

Reich 2012
Stephan Reich, Ländliche Siedlungen auf dem Weg zur Wüstung(?). Faktoren der Siedlungsregression in historischer und aktueller Perspektive. Unpublizierte Masterarbeit des Studiengangs Landschaftsarchitektur und Umweltplanung an der Hochschule Neubrandenburg (Neubrandenburg 2012).
<http://digibib.hs-nb.de/file/dbhsnb_derivate_0000001355/Masterarbeit-Reich-2012.pdf> (06.02.2017).

Reichert-Schick 2013
Anja Reichert-Schick, Wüstungen – zur potentiellen Renaissance eines historischen Phänomens. Zeitschrift für Agrargeschichte und Agrarsoziologie 61/1, 2013, S. 27–47.

Riedenauer 1987
Erwin Riedenauer, Wüstungen zwischen Main und Steigerwald. Jahrbuch für fränkische Landesforschung 47, 1987, S. 1–34.

Rösener 1984
Werner Rösener, Krisen und Konjunkturen der Wirtschaft im spätmittelalterlichen Deutschland. In: Ferdinand Seibt/Winfried Eberhard (Hrsg.), Europa 1400. Die Krise des Spätmittelalters (Stuttgart 1984), S. 24–38.

Rösener 1991
Werner Rösener, Bauern im Mittelalter [4](München 1991).

Rösener 1996
Werner Rösener, The Agrarian Economy, 1300–1600. In: Bob Scribner (Hrsg.), Germany. A New Social and Economic History 1. 1450–1630 (London 1996), S. 63–83.

Rösener 2010a
Werner Rösener, Die Wüstungen des Spätmittelalters und der Einfluss der Klimafaktoren. Zeitschrift für hessische Geschichte und Landeskunde 115, 2010, S. 57–77.

Rösener 2010b
Werner Rösener, Das Wärmeoptimum des Hochmittelalters. Beobachtungen zur Klima- und Agrarentwicklung des Hoch- und Spätmittelalters. Zeitschrift für Agrargeschichte und Agrarsoziologie 58/1, 2010, S. 13–30.

Rückert 1990
Peter Rückert, Landesausbau und Wüstungen des hohen und späten Mittelalters im fränkischen Gäuland. Mainfränkische Studien 47 (Würzburg 1990).

Rückert 1994
Peter Rückert, Quantifizierende Methoden in der Wüstungsforschung. In: Klaus Fehn/Helmut Bender/Klaus Brandt/Dietrich Denecke/Franz Irsigler/Walter Janssen/Wilfried Krings/Michael Müller-Wille/Hans-Jürgen Nitz/Gerhard Oberbeck/Winfried Schich (Hrsg.), Siedlungsforschung. Archäologie – Geschichte – Geographie 12 (Bonn 1994), S. 167–183.

Rückert 2001
Peter Rückert, Wald und Siedlung im späteren Mittelalter aus der Perspektive der Herrschaft. In: Klaus Fehn/Helmut Bender/Klaus Brandt/Dietrich Denecke/Hans-Rudolf Egli/Eike Gringmuth-Dallmer/Franz Irsigler/Michael Müller-Wille/Hans-Jürgen Nitz/Gerhard Oberbeck/Winfried Schenk/Winfried Schich (Hrsg.), Siedlungsforschung. Archäologie – Geschichte – Geographie 19 (Bonn 2001), S. 121–143.

Russell 2003
Josiah C. Russell, Bevölkerung. B. Nord-, Mittel-, West- und Südeuropa im Mittelalter. I. Ländliche Bevölkerung. In: Lexikon des Mittelalters 2 (München 2003), S. 11–14.

Scharlau 1933
Kurt Scharlau, Beiträge zur geographischen Betrachtung der Wüstungen. Badische geographische Abhandlungen 10 (Freiburg 1933).

Scharlau 1938
Kurt Scharlau, Zur Frage des Begriffes „Wüstung“. Geographischer Anzeiger 39, 1938, S. 247–252.

Scharlau 1955
Kurt Scharlau, Die hessische Wüstungsforschung vor neuen Aufgaben. Zeitschrift des Vereins für hessische Geschichte und Landeskunde 65/66, 1955, S. 72–90.

Scharlau 1956
Kurt Scharlau, Neue Probleme der Wüstungsforschung. Bemerkungen anläßlich der Neuauflage von W. Abel‘s Buch „Die Wüstungen des ausgehenden Mittelalters“. Berichte zur Deutschen Landeskunde 17, 1956, S. 266–275.

Scharlau 1957
Kurt Scharlau, Ergebnisse und Ausblicke der heutigen Wüstungsforschung. Blätter für deutsche Landesgeschichte 93, 1957, S. 43–101.

Scharlau 1958
Kurt Scharlau, Sozialbrache und Wüstungserscheinungen. Erdkunde 12/4, 1958, S. 289–294.

Schenk 2011
Winfried Schenk, Historische Geographie (Darmstadt 2011).

Scherzer 1983
Walter Scherzer, Symptome der spätmittelalterlichen Wüstungsvorgänge. In: Wolfgang Pinkwart (Hrsg.), Genetische Ansätze in der Kulturlandschaftsforschung. Festschrift für Helmut Jäger. Würzburger Geographische Arbeiten 60 (Würzburg 1983), S. 107–121.

Schier 2002
Wolfram Schier, Bemerkungen zu Stand und Perspektiven siedlungsarchäologischer Forschung. In: Peter Ettel/Reinhard Friedrich/Wolfram Schier (Hrsg.), Interdisziplinäre Beiträge zur Siedlungsarchäologie. Gedenkschrift für Walter Janssen. Internationale Archäologie 17 (Rahden 2002), S. 299–309.

Schlesinger 1974
Walter Schlesinger, Archäologie des Mittelalters in der Sicht des Historikers. Zeitschrift für Archäologie des Mittelalters 2, 1974, S. 7–31.

Schlüter 1903
Otto Schlüter, Die Siedelungen im nordöstlichen Thüringen. Ein Beispiel für die Behandlung siedlungsgeographischer Fragen (Berlin 1903).

Schneider 2018
Karl H. Schneider, Von Wüstungen und Lost Villages. Eine historische Einleitung und Einordnung. In: Martin Ehrler/Marc Weiland (Hrsg.), Topographische Leerstellen. Ästhetisierungen verschwindender und verschwundener Dörfer und Landschaften (Bielefeld 2018), S. 53–65.

Scholkmann 2009
Barbara Scholkmann, Das Mittelalter im Fokus der Archäologie (Stuttgart 2009).

Scholkmann 2016
Barbara Scholkmann, Die Forschungsgeschichte des Faches. In: Barbara Scholkmann/Hauke Kenzler/Rainer Schreg (Hrsg.), Archäologie des Mittelalters und der Neuzeit. Grundwissen (Darmstadt 2016), S. 32–50.

Scholkmann u.a. 2016
Barbara Scholkmann/Hauke Kenzler/Rainer Schreg (Hrsg.), Archäologie des Mittelalters und der Neuzeit. Grundwissen (Darmstadt 2016).

Schreg 2001
Rainer Schreg, Dorfgenese und histoire totale. Zur Bedeutung der histoire totale für die Archäologie des Mittelalters. In: Jochem Pfrommer/ Rainer Schreg (Hrsg.), Zwischen den Zeiten. Archäologische Beiträge zur Geschichte des Mittelalters in Mitteleuropa. Festschrift für Barbara Scholkmann. Internationale Archäologie 15 (Rahden 2001), S. 333–348.

Schreg 2006a
Rainer Schreg, Dorfgenese in Südwestdeutschland: Das Renninger Becken im Mittelalter. Materialhefte zur Archäologie in Baden-Württemberg 76 (Stuttgart 2006).

Schreg 2006b
Rainer Schreg, Die Archäologie des mittelalterlichen Dorfes in Süddeutschland. Probleme – Paradigmen – Desiderate. In: Winfried Schenk/ Rudolf Bergmann (Hrsg.), Historische Kulturlandschaftsforschung im Spannungsfeld von älteren Ansätzen und aktuellen Fragestellungen und Methoden. Institutioneller Hintergrund, methodische Ausgangsüberlegungen und inhaltliche Zielsetzungen. Siedlungsforschung. Archäologie – Geschichte – Geographie 24 (Bonn 2006), S. 141–162.

Schreg 2009a
Rainer Schreg, Archäologische Wüstungsforschung und spätmittelalterliche Landnutzung. Hausbau und Landnutzung des Spätmittelalters in Südwestdeutschland aus archäologischer Sicht. In: Sönke Lorenz/Peter Rückert (Hrsg.), Landnutzung und Landschaftsentwicklung im deutschen Südwesten. Zur Umweltgeschichte im späten Mittelalter und in der frühen Neuzeit. Veröffentlichungen der Kommission für geschichtliche Landeskunde in Baden-Württemberg B/173 (Stuttgart 2009), S. 131–163.

Schreg 2009b
Rainer Schreg, Nach der Wüstungsphase: Umstrukturierungen des ländlichen Raumes in der frühen Neuzeit. Eine umwelthistorische Perspektive. In: Barbara Scholkmann/Sören Frommer/Christina Vossler/Markus Wolf (Hrsg.), Zwischen Tradition und Wandel. Archäologie des 15. und 16. Jahrhunderts. Tübinger Forschungen zur historischen Archäologie 3 (Büchenbach 2009), S. 449–462.

Schreg 2011
Rainer Schreg, Die Krisen des späten Mittelalters: Perspektiven, Potentiale und Probleme archäologischer Krisenforschung. In: Falko Daim/Detlef Gronenborn/Rainer Schreg (Hrsg.), Strategien zum Überleben. Umweltkrisen und ihre Bewältigung. RGZM – Tagungen 11 (Mainz 2011), S. 197–213.

Schreg 2016a
Rainer Schreg, Archäologische Siedlungsforschung. In: Barbara Scholkmann/Hauke Kenzler/Rainer Schreg (Hrsg.), Archäologie des Mittelalters und der Neuzeit. Grundwissen (Darmstadt 2016), S. 151–160.

Schreg 2016b
Rainer Schreg, Mittelalterliche Feldstrukturen in deutschen Mittelgebirgslandschaften – Forschungsfragen, Methoden und Herausforderungen für Archäologie und Geographie. In: Jan Klápště (Hrsg.), Agrarian technology in the medieval landscape. Ruralia 10 (Turnhout 2016), S. 351–370.

Schreg 2017
Rainer Schreg, Rezension zu Rudolf Bergmann, Die Wüstungen des Hoch- und Ostsauerlandes. Mitteilungen der Deutschen Gesellschaft für Archäologie des Mittelalters und der Neuzeit 30, 2017, S. 281–284.

Schreg 2020
Rainer Schreg, Plague and Desertion – A Consequence of Anthropogenic Landscape Change? Archaeological Studies in Southern Germany. In: Martin Bauch/Gerrit Jasper Schenk (Hrsg.), The Crisis of the 14th Century. Teleconnections between Environmental and Societal Change? Das Mittelalter. Perspektiven mediävistischer Forschung. Beiheft 13 (Berlin, Boston 2020), S. 221–246.

Schuh 1996
Robert Schuh, Namen und Wüstungsforschung. In: Ernst Eichler/Gerold Hilty/Heinrich Löffler/Hugo Steger/Ladislav Zgudta (Hrsg.), Namenforschung. Ein internationales Handbuch zur Onomastik. 2. Teilband (Berlin, New York 1996), S. 1713–1719.

Seibt/Eberhard 1984
Ferdinand Seibt/Winfried Eberhard (Hrsg.), Europa 1400. Die Krise des Spätmittelalters (Stuttgart 1984).

Simms 1976
Anngret Simms, Deserted medieval villages and fields in Germany. Journal of Historical Geography 2/3, 1976, S. 223–238.

Sippel 2008
Klaus Sippel, Eine Beschreibung und Vermessung der Stadtwüstung Landsberg aus dem Jahr 1817. HessenArchäologie 2008, 2009, S. 120–123.

Sirocko/David 2011
Frank Sirocko/Karen David, Das mittelalterliche Wärmeoptimum (1150–1260 AD) und der Beginn der Kleinen Eiszeit (nach 1310 AD) mit ihren kulturhistorischen Entwicklungen. In: Falko Daim/Detlef Gronenborn/Rainer Schreg (Hrsg.), Strategien zum Überleben. Umweltkrisen und ihre Bewältigung. RGZM – Tagungen 11 (Mainz 2011), S. 243–254.

Sirocko u. a. 2012
Frank Sirocko/Kurt W. Alt/Karen David-Sirocko, Das nasskalte 14. Jahrhundert – Hunger, Pest und Tod. In: Frank Sirocko (Hrsg.), Wetter, Klima, Menschheitsentwicklung. Von der Eiszeit bis ins 21. Jahrhundert [3](Darmstadt 2012), S. 165–169.

Sondermann-Fastrich 1993
Claudia Sondermann-Fastrich, Was ist eine Wüstung? In: Rudolf Bergmann, Zwischen Pflug und Fessel. Mittelalterliches Landleben im Spiegel der Wüstungsforschung (Münster 1993), S. 9–18.

Song u. a. 2019
Baoquan Song/Klaus Leidorf/Eckard Heller, Luftbildarchäologie. Archäologische Spurensuche aus der Luft. Methoden und Techniken – Klassisch und virtuell (Darmstadt 2019).

Sprandel 2009
Rolf Sprandel, Wüstungsprozesse in systematischer Betrachtung nach Schriftquellen des Spätmittelalters. In: Sönke Lorenz/Peter Rückert (Hrsg.), Landnutzung und Landschaftsentwicklung im deutschen Südwesten. Zur Umweltgeschichte im späten Mittelalter und in der frühen Neuzeit. Veröffentlichungen der Kommission für geschichtliche Landeskunde in Baden-Württemberg B/173 (Stuttgart 2009), S. 113–129.

Staerk 1967
Dieter Staerk, Einige Bemerkungen zu den Begriffen „Wüstungsquotient“ und „Wüstungsdichte“. In: Wolfgang Laufer (Hrsg.), Libellus ad magistram. Festschrift für Edith Ennen zum 60. Geburtstag (Saarbrücken 1967), S. 102–109.

Stephan 1978
Hans-Georg Stephan, Archäologische Studien zur Wüstungsforschung im südlichen Weserbergland 1. Münstersche Beiträge zur Ur- und Frühgeschichte 10–11/1 (Hildesheim 1978).

Stephan 1979
Hans-Georg Stephan, Archäologische Studien zur Wüstungsforschung im südlichen Weserbergland 2. Münstersche Beiträge zur Ur- und Frühgeschichte 10–11/2 (Hildesheim 1979).

Stephan 1997
Hans-Georg Stephan, Stadtwüstungen in Mitteleuropa. Ein erster Überblick. In: Guy de Boe/Frans Verhaeghe (Hrsg.), Urbanism in Medieval Europe. Papers of the ‚Medieval Europe in Brugge' Conference 1. I. A. P. Rapporten 1 (Zellik 1997), S. 329–360.

Thoma/Paddenberg 2018
Winfried Thoma/Dietlind Paddenberg, Lödderitz-Goldberg, Stadt Barby, Salzlandkreis. In: Harald Meller/Susanne Friederich (Hrsg.), Archäologie in der Flussaue. 20 Jahre Hochwasserschutz und Ortsumgehung Eutzsch. Archäologie in Sachsen-Anhalt. Sonderband 27 (Halle/Saale 2018), S. 260–264.

Troßbach/Zimmermann 2006
Werner Troßbach/Clemens Zimmermann, Die Geschichte des Dorfes. Von den Anfängen im Frankenreich zur bundesdeutschen Gegenwart (Stuttgart 2006).

Ullrich u. a. 2007
Burkart Ullrich/Cornelius Meyer/Andreas Weller, Geoelektrik und Georadar in der archäologischen Forschung: geophysikalische 3D-Untersuchungen in Munigua (Spanien). In: Günther A. Wagner (Hrsg.), Einführung in die Archäometrie (Heidelberg 2007), S. 75–93.

Wagner 1854
Georg Wilhelm Justin Wagner, Die Wüstungen im Großherzogthum Hessen. Provinz Oberhessen (Darmstadt 1854).

Wagner 1862
Georg Wilhelm Justin Wagner, Die Wüstungen im Großherzogthum Hessen. Provinz Starkenburg (Darmstadt 1862).

Wagner 1865
Georg Wilhelm Justin Wagner, Die Wüstungen im Großherzogthum Hessen. Provinz Rheinhessen (Darmstadt 1865).

Walter 1954
Michael Walter, Vom Stand und den Aufgaben der Wüstungsforschung. Berichte zur Deutschen Landeskunde 12, 1954, S. 114–124.

Weigl 2012
Andreas Weigl, Bevölkerungsgeschichte Europas. Von den Anfängen bis in die Gegenwart (Wien, Köln, Weimar 2012).

Wendling 1965
Wilhelm Wendling, Die Begriffe „Sozialbrache" und „Flurwüstung" in Etymologie und Literatur. Berichte zur deutschen Landeskunde 35/2, 1965, S. 264–310.

Wendling 1966
Wilhelm Wendling, Sozialbrache und Flurwüstung in der Weinbaulandschaft des Ahrtals. Forschungen zur deutschen Landeskunde 160 (Bad Godesberg 1966).

Wenzel 1990
Hartmut Wenzel, Methodische Grundlagen der Wüstungsforschung. Dargestellt am Beispiel der Wüstungsaufnahme im Gebiet des Stadt- und Landkreises Weimar. Alt-Thüringen 25, 1990, S. 243–301.

Wiese/Zils 1987
Bernd Wiese/Norbert Zils, Deutsche Kulturgeographie. Werden, Wandel und Bewahrung deutscher Kulturlandschaften (Herford 1987).

Willerding 1986
Ulrich Willerding, Landwirtschaftliche Produktionsstrukturen im Mittelalter. In: Bernd Herrmann (Hrsg.), Mensch und Umwelt im Mittelalter (Stuttgart 1986), S. 244–256.

Wittenberg 1966/1967
Gerhard Wittenberg, Bericht über eine Probegrabung in der Stadtwüstung Landsberg im Landkreis Wolfhagen. Zeitschrift für hessische Geschichte und Landeskunde 77/78, 1966/1967, S. 91–93.

Wittkopp 2014
Blandine Wittkopp, Diepensee. Gründung, Umgestaltung und Wachstum einer ländlichen Siedlung im Mittelalter. In: Deutsche Gesellschaft für Archäologie des Mittelalters und der Neuzeit e. V. (Hrsg.), Gründung im archäologischen Befund. Mitteilungen der Deutschen Gesellschaft für Archäologie des Mittelalters und der Neuzeit 27 (Paderborn 2014), S. 161–169.

Zimmermann 1998
Wolf Haio Zimmermann, Pfosten, Ständer und Schwelle und der Übergang vom Pfosten- zum Ständerbau – Eine Studie zu Innovation und Beharrung im Hausbau. Zu Konstruktion und Haltbarkeit prähistorischer bis neuzeitlicher Holzbauten von den Nord- und Ostseeländern bis zu den Alpen. Probleme der Küstenforschung im südlichen Nordseegebiet 25, 1998, S. 9–241.